fika

フィーカ

世界一幸せな北欧の休み方・働き方

まえがき

「ＪＥＴＲＯ　ジェトロ」（日本貿易振興機構）の輸入専門家として、初めて北欧を訪れてからすでに20年近くが経過しました。

この時にデンマークの寝具メーカー「Ｄａｎｆｉｌｌ　ダンフィル」と出会い、その素晴らしい商品の数々を日本に紹介したことで、私が取締役社長を務める株式会社アペックスの業績に大きく貢献することになり、それ以来というもの数々の北欧メーカーとの取引のため、現地に足を運ぶことが多くなりました。

今現在の私は、株式会社アペックスの他に、インテリアショップの「アルト」とデンマークカフェ「ヒュッゲ」を運営する株式会社アルトの代表を務めています。北欧ブランドの日本代理店として商品を販売するだけでなく、北欧諸国のライフスタイルや代表的な文化を紹介する活動をしています。

その一環で、『世界一幸せな国、北欧デンマークのシンプルで豊かな暮らし』（大和書房）という本を2017年に出版し、「HYGGE ヒュッゲ」について日本に紹介しました。「ヒュッゲ」とは、〝楽しい時間を友人や家族と共有すること〟や〝心地よい環境の中でほっこりした時間を過ごすこと〟〝巣篭もり〟などの意味を持つデンマーク語です。皆さんも一度は耳にしたことがあるかもしれません。

昨今では、東京建物株式会社が分譲マンション『Brillia 八潮』という分譲マンションのコンセプトに、ヒュッゲを採用しました。これは、「働き方改革」を掲げて施行された法律に対して、私たち日本人が「休み方」についてしっかりと考えてこなかったという点に着目し、ヒュッゲの考え方を提案する目的で企画されたものです。

そのような状況に直面している日本人は、改めて「働き方」と「休み方」についての考えることを余儀なくされています。

北欧諸国は、皆さんもご存知の通り、社会保障制度が整備されています。子供の教育費や医療費は無料、年金による老後の生活などの心配がないとはいえ、消費税はスウェーデンとノルウェーは25％、フィンランドは24％と非常に高い税率で、外食や旅行などはそう頻繁にはできない状況です。

それなのに、スウェーデン、デンマーク、フィンランド、ノルウェーともに、常にWHOの世界幸福度ランキングでは上位にランクインしています。それに対し、日本は昨今では幸福度ランキングを54位にまで落としています。同じくWHOが発表している世界各国の自殺率では、日本はワースト6位にランクインしています。

どちらの国にも関係が深い私は、「この現実は一体どこに原因があるのだろう？」と思ったのです。

そこを出発点として、北欧の人たちのライフスタイルや生き方、人生観を掘り下げていきました。その一つがデンマークの「ヒュッゲ」です。人々と心地よい時間を共有し、ほっこりとした内面的豊かさを育む生き方は、北欧諸国の共通のライフスタイルとなっています。

そして、スウェーデンで生まれた「ｆｉｋａ フィーカ」という休息の文化も、北欧人のメンタリティの鍵を握っていたのです。友達や家族、職場の仲間たちと一緒に気軽にコーヒーを飲みながら他愛ない話に花を咲かすフィーカは、時に苛まれる孤独感を押しやり、集うことによって生まれるリアルの関係性からエネルギーを得ることで精神的な糧にしているのです。

フィーカ発祥の地であるスウェーデンでは、1日5回くらいはフィーカを行うのに、1人当たりのGDPに関してはこの30年で右肩上がりの上昇カーブ（世界第12位）を描いています（人口は日本の10分の1以下）。

さらに、彼らは通常の仕事も15時くらいに終え、しっかりと余暇を楽しむ人が多かったり、サマーバケーションなどは2週間～1ヶ月近く取得したりすることからもわかるように、「積極的休養」は経済にも大きな効果をもたらしています。

だからこそ、今の時代に日本で暮らす私たちが「働き方」について考えるということは、「生き方」と「休み方」を根本から見つめなおすことに他なりません。

すべてにおいてそうですが、北欧の働き方や休み方をそのまま取り入れることはとてもハードルが高いものです。日本社会には様々な規範があり、それらとはなかなか相いれないものも多々あるからです。

日本の社会やそこで働く人たちの意識を変えることを目指す前に、「働き方」「生き方」「休み方」の三点について見つめ直すことで、まずは自分自身の意識とこれから先に広がる未来を変えていくしかできないのです。

この本が、働き方やこれからの人生について悩んでいる人にとって、確かな光となるように願っています。

Contents
目次

第3章 【幸せの達人に学ぶ】生きるのがもっと楽しくなる6つの方法

第4章 【北欧式】心地よい毎日を過ごすための9つのキーワード 128

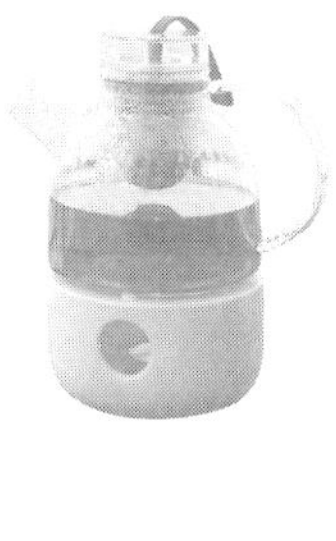

第5章　仕事、人間関係……心地よく過ごすための12のこと　160

fika《フィーカ》とは

スウェーデン語で
「ティータイム」(コーヒーブレイク)のこと。
スウェーデンで生まれた伝統文化であり、
彼らはこのfikaの時間を1日に何度も取っています。
それは単なるお茶の時間にとどまることなく、
「休み方」「働き方」「生き方」「考え方」
へとつながっています。

Yoshiko Buell's LIFE STYLE GUIDE

芳子ビューエル
ライフスタイル・ガイド

fikaからはじまる「休み方」や「働き方」の
エッセンスをお伝えする前に、
私が具体的に実践していることについて紹介します。
芳子ビューエルのオンとオフを支えてくれる、
自宅や仕事場、ショップなどの
こだわりをご覧ください。

「休み方」の哲学の真髄
完成した新居をレポート!

2018年9月に完成した私の新居がこちら。私の集大成として、たくさんのこだわりが詰まっています。玄関の青いドアは旧宅と同じブルー。バイキングの魔よけの色です。

新居を彩ってくれるのが、職人が作った色とりどりのガラス。外壁に埋め込まれ、さらには玄関までのプロムナードの随所にも使用しています。花々の色合いとも相性抜群。心がはずむように、ガラスのカラーボールが演出してくれます。

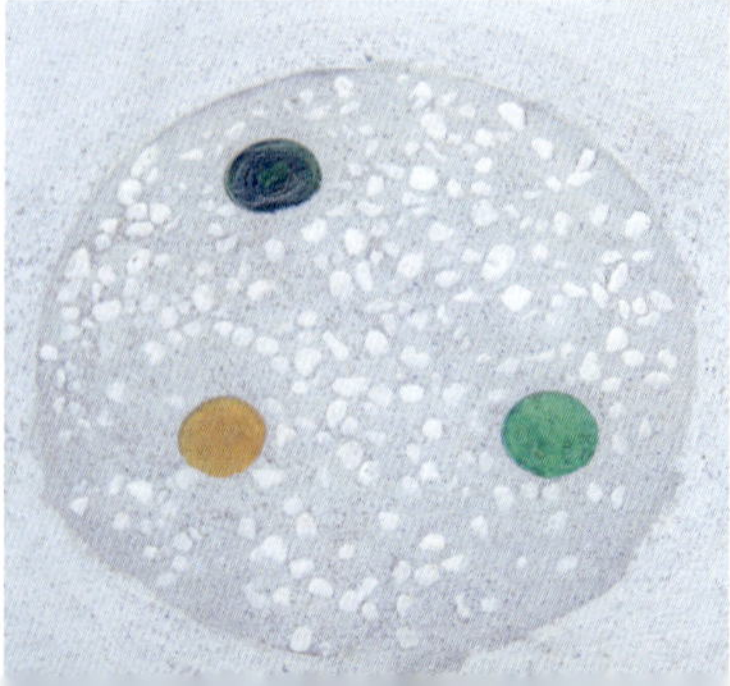

玄関からリビングルームを見た景色。奥に階段があり、レストスペース（ヌック）を作りました。光が入ってくるので、本を読んだりしてヒュッゲなひとときを楽しむことができます。

２階からリビングルームを見下ろすとこんな感じです。そして、天井まで達する大黒柱は、この新居を支えてくれるために岐阜県からやってきたもの。

キッチンで重視したのは、やはりコミュニケーション。ペニンシュラキッチンだと、自宅で気軽にfikaをする時に、お話をしながらサーブができるのでとても便利です。

子供たちと過ごした家には想い出がたっぷり

子供たちと過ごした家というのはたくさんの想い出で彩られています。田園に佇むデンマーク住宅をイメージ。警察犬としても活躍した愛犬のパブロが私たちを守ってくれています(もちろん新居でも)。そして中庭コートヤードには、ページの中でも紹介しているウインドチャイムを吊るし、風が通り抜けるたびに美しい音色を奏でてくれました。

写真右は、夫のアトリエとして使っていた部屋。彼が描いた絵がずらっと置いてあります。写真上は、かわいい鳥のオブジェたち。こういった小さなものたちにほっこり癒されてきました。

私の癒しの場所がこちらのパーソナルチェア。後ろに立てたものは、ダイソンの「タスクライト」。読書にも最適です。開けた窓から吹き込む風にゆられるカーテンは、とても風情を感じる瞬間。

ワンランク上のライフスタイルを提案する
株式会社アペックスの想い

アットホームな雰囲気のアペックスの社屋には、海外の企業訪問で得たものを取り入れています。部屋の中心の壁にはビビッドな色を使ったり、天井を高くすることで解放感をもたらしてくれます。

心の幸せ度を高めるライフスタイルカンパニー
株式会社ALTOから発信！

株式会社ALTOは、ヒュッゲをコンセプトにした「インテリアショップ アルト」とデンマークの伝統料理スモーブローが味わえる「Café Hygee」を経営し、心の幸せ度を高めることを提案します。

INTERIOR SHOP ALTO
インテリアショップ アルト

住所	群馬県高崎市岩押町5-1 リベルテ高崎 2F Liberte Takasaki Bldg., 2F, 5-1 Iwaoshi, Takasaki, Gunma, 370-0044.
営業時間	10:00〜18:00
定休日	日曜日
TEL	027-388-1598
URL	www.alto-star.com

ショップに併設
居心地の良いカフェ「Cafe Hygge」

Cafe Hygge　カフェ ヒュッゲ

住所	群馬県高崎市岩押町5-1 リベルテ高崎 1F Liberte Takasaki Bldg., 1F, 5-1 Iwaoshi, Takasaki, Gunma, 370-0044.
営業時間	11:00〜17:00
定休日	日曜日
TEL	027-321-2088
URL	www.alto-star.com

居心地の良さを追求する「カフェ ヒュッゲ」は、デンマークの方も絶賛した、旬の食材を使ったオープンサンドイッチ〝スモーブロー〟(写真下)を食べられるのが嬉しいポイント!

世界一幸せな休み方は、
あなたの想いひとつで実現します。
fikaはそのきっかけになる北欧の文化。
飲み物片手にみんなでテーブルを囲み、
気のおけない仲間たちとおしゃべりしてみてください。
肩の力が抜けていることに気づいたら、
それは幸せの合図。

第1章

「fika」ってどんなもの?

第1章では、「fika」という文化をご紹介します。

スウェーデンで生まれた休息のカルチャー「fika」が、
どのように根付き、北欧全土へと広がっていったのか。

そして、そのエッセンスは一体どのようなところにあるのか。

SNS時代全盛期の現代を生きるすべての人に伝えたい、
世界一幸せな休み方について、まずは知ってください。

この章を読めば、きっとあなたの休み方や働き方について、
改めて見つめ直して考えてみたくなるはずです。

スウェーデンで生まれた文化「ｆｉｋａ《フィーカ》」

北欧・スウェーデンには、「ｆｉｋａ」（フィーカ）と呼ばれる習慣があります。

スウェーデン語で「コーヒーを飲む」ことを意味する動詞であり、スウェーデン語でコーヒーを指す「ｋａｆｆｉ」を逆から読むことで生まれたと言われています。現在では英語で言うところの「コーヒーブレイク」にあたる意味を持って使われているのがｆｉｋａです。

イギリスにおける「アフタヌーン・ティー」の文化は言うまでもなく、日本にもかつては10時や3時にお茶や間食をいただく「お十時」「お三時」という習慣がありましたが、それと似たようなところかもしれません。

子どもから大人まで、スウェーデンの人たちにとってｆｉｋａは非常に重要な文化の一つで、生活の中にしっかりと入りこんでいます。このｆｉｋａがスウェーデンの文化として習慣化したのは、20世紀初頭にまで遡るそうです。

今では、スウェーデンで過ごしていると、色んな人から「スカ・ヴィ・フィーカ？ Ska vi fika?」と誘われることがありますが、これは「フィーカしない？」や「フィーカに行かない？」という意味。会社の中でも、友人の家に招かれても、もちろん家庭内でも飛び交っているフレーズです。そして、それを行う場所も多種多様。社内や飲食店や家庭から、屋外や自然の中など、人の数だけｆｉｋａの種類があるかのよう。

ちなみに、スウェーデンにはｆｉｋａにまつわるユニークな試みを競い合っている自治体もあります。「どれだけ多くの人数で一同に集まり、ｆｉｋａをすることができるか？」がその目的。長らく南部にあるスモーランド地方のカルマル市が記録を作っていましたが、それに各都市が対抗。現在の最高は中部の都市エステルスンドが記録した総勢約３千５百人！　それだけの人たちがｆｉｋａを目的に集うのですからすごいですよね。それ以外にも、スウェーデンのストックホルムでは、夏の間に「ｆｉｋａバス」なるものも走ります。バスの中にはテーブルがあり、コーヒーなどの飲みものとちょっとしたスイーツが用意されています。お茶を飲みながら、市内観光を楽しむというものです。さながら「移動型ｆｉｋａ」といったところでしょうか。ｆｉｋａがいかに一般の人たちに浸透しているかがよくわかるのではないでしょうか。

さらにｆｉｋａは、長い時間をかけてスウェーデンからほかの北欧諸国へ広がり、現在では北欧全土に渡って代表的な文化の一つとして定着をしています。

ところで、ｆｉｋａは単にお茶をしてのどを潤すためのものだけではありません。

目的は大きく2点挙げられます。

それは、「リフレッシュ」と「コミュニケーション」です。

スウェーデン人は、デンマークやノルウェーなど北欧のほかの国の人たちからは、「他愛のないことばかりしゃべっているよね」と言われるくらい話好きの人種です。おしゃべり好きだからｆｉｋａという文化が生まれたのか、それともｆｉｋａがあるからおしゃべり好きに拍車がかかるのか……。いずれにしても、ｆｉｋａがスウェーデンの人たちの心に深く根づいていることは間違いなさそうです。

ｆｉｋａでムダ話コミュニケーション

一日中、机に向かって頑張り続けたとしても、作業効率は落ちるばかりですよね。適度に時間の区切りをつけて、リフレッシュする。お茶を飲みながら、ちょっとリラックス。頭を切り替え、気持ちを入れ替えて、新たな気分で仕事に戻る。これをスウェーデンでは、習慣として日常的に行なっています。それがｆｉｋａの本質であることはお伝えした通りです。

なによりもｆｉｋａは、お茶をすることを介した貴重なコミュニケーションの場でもあります。ｆｉｋａのいいところは、誰とでも話せるということ。

会社の同じ部署の人同士はもちろんのこと、普段の仕事ではあまりかかわらない人や、「ちょっと話してみたいな」と思うような人にも気軽に話しかけることができます。

日本だと、たいして面識のない人に突然「お茶しない？」と誘うと、まるでナンパでもしているかのようですね。言う方もためらいますし、突然言われた方も面食らってしまうでしょう。けれど、北欧ではいたって普通の行動なのです。同性異性を問わずさまざまな人とｆｉｋａの時間を利用して、コミュニケーションを取ることができるのです。

仕事中に行うｆｉｋａでは、午前中に1回と午後に1回の一日2回がオーソドックス。職場の人全員で一斉にｆｉｋａを行なう場合もありますし、おのおのが個別にとることもあります。それでも時間にして、だいたい15分から20分くらいでしょうか。たとえどれだけ忙しくとも、彼らはこの時間を欠かすことはありません。忙しくなると休憩も取らず、身を粉にして働く傾向にある日本人とは真逆と言えるでしょう。

職場などでは時間になると、おのおのがコーヒーカップを持って、気軽なおしゃべりに興じます。北欧の人たちは「エコ」に関する関心がものすごく高いので、紙コップやプラスチックのコップは決して使いません。たいていの場合、自分のマグカップを持っていて、それに好きな飲み物を注ぎます。

実は以前、私が代表を務める会社（株式会社アペックス）には、日本でよく見られるような、ボタンを押すとプラスチックのカップが出てくるカップディスペンサーがありました。ホルダーにそれをセットして飲むタイプのものです。ちょっとスタイリッシュで、便利かなと思って導入したのですが、プラスチックカップはエコの精神に反することから使うのをやめました。今では単なるオブジェと化しています（笑）。

私たちは海外製品の輸入販売を行う仕事柄もあって、海外の企業を商談のために訪問することも多いのですが、来客用の飲みものはだいたい白のシンプルなソーサーにマグカップというスタイルで供されます。日本のように、紙やプラスチックの使い捨てコップで出されるという経験はついぞありません。

北欧企業でよくあるのは、まず「飲みものは何がいい？」と聞かれることからはじまるというもの。しかも、そのチョイスは豊富。コーヒー、紅茶、炭酸水にミネラルウォーター（またはハーブウォーター）、そして温かいものから冷たいものまで自由に選べます。一般的な日本企業の場合のように、席に着くと自動的に日本茶やコーヒーが出てくるようなことはありません。また、社内ミーティングの際には、会議室の机上に数々のドリンクが用意されていて、飲みたいものを各自とりわけてからスタートします。このように、飲みながら話を進めていくのが日常の風景となっているのです。

会話には自分の好きな飲みものを。北欧の人たちにとってはこの二つが常にセットになっている、と言えそうです。

豪華よりも質素、つつましやかさを重視

ここからは、fikaにまつわるものから北欧の人たちのライフスタイルや価値観についてご紹介します。

「お茶菓子」というと、みなさんはどういうものを想像しますか？

生クリームでデコレーションされたショートケーキ？

キレイにアイシングされた色とりどりのクッキー？

それともマカロンでしょうか。

日本にある洋菓子は、総じてファンシーで写真映えするような色味の美しいものが多いように思います。それはきっとフランスの影響が強いのでしょう。日本のペイストリーは

世界的に見ても非常にレベルが高いと思います。あれと同じものを家庭でつくろうとしてもなかなか真似はできないでしょう。

ｆｉｋａをする際にはたいていお菓子が一緒に出されますが、どれも実に素朴です。色味も地味な焼きっぱなしの焼き菓子やシナモンロールなどが一般的です。

北欧をはじめ、アメリカやカナダでも、どちらかというと手づくりのお菓子が好ましいという文化があります。実際、お母さんが家でつくったものがすごく多いです。代々その家庭に伝わってきたレシピでつくられたような。見た目は日本で売られている商品みたいにキレイではないかもしれません。でも、手づくりならではのぬくもりがあって、口にした瞬間にほっこりした気持ちになる、そんなお菓子です。気取らない感じこそが「お母さんの味」とも言えるでしょう。

日本だと、つい「きちんとつくらなければ」とか「見栄えがよくなければ」と気負ってしまいがちです。でも、おいしくて心がこもっていれば、それだけで充分なのです。
もし、自分でつくる時間がなければ、市販のものでもいいんです。コンビニのお菓子の中にも、「これ本当にコンビニのもの?」と思うくらいおいしいものがありますよね。それだって十分です。

ただし、一つだけやっていただきたいことがあります。

それは「ちょっとひと手間」をかけるということ。

市販のものを買ってきて、その袋のままお出しするのではなく、ちょっとよそいきのお皿に並べてみましょう。たったこれだけ。

「ひと手間かける」ということは、たとえわずかであったとしても自分の時間をそこに費やすということ。なによりそれが重要なことなのです。何も有名なお店で高いお金を払っ

て買ってくるばかりがいいわけではありません。

心を込めて、ちょっと時間を使っておもてなしの準備をする。そのヒュッゲ的精神ににに大きな意味があるのです。

「一生もの」と「一瞬もの」を使い分ける

テレビや雑誌などでも特集がたびたび組まれているので、「北欧家具」や「北欧インテリア」をご覧になったことがある方も多いと思いますが、とにかくとてもシンプルでプレーンです。

私が最初にデンマークを訪れたとき、目にするインテリアがどれをとってもあまりにもプレーンで、物足りなさを覚えたほどでした。イギリスやイタリア、スペイン製のインテリアのように目を引くものがありません。テーブルのデザインも猫足になっているなど、デコラティブなものはまずないでしょう。

デザインに限らず色味についても同様で、たいていは「木そのもの」の色。テーブルクロスもかけずにむき出しのまま。シンプルを通り越して、冷たい印象を受けることさえあります。

ところが、毎日生活を続けていくうちに、少しずつ見る目が変化していったのです。そして、「一生ものと言われるものは〝飽きのこないもの〟なんだな」ということがわかるようになりました。そのことを意識した途端、これまで気づかなかったところにも目がいくようになったのです。一見するとわかりませんでしたが、よくよく見てみると実は細部が非常に凝っていたり、細かな工夫がされていたものばかりでした。

ファッションについても同じでした。デンマークの人たちが着ている洋服は、黒にグレーにネイビーがほとんどです。クローゼットを開けても、そこに並んでいるのはとっても地味な色味のものばかり。
「北欧のファッションブランド」と聞いて真っ先に思い浮かべるものは、大半の人がフィンランドの「マリメッコ」だと思います。色鮮やかなテキスタイルやグラフィックのプリントが特長ですが、かなり特別な例と言えるでしょう。他にも日本に上陸しているブランドで言えば、スウェーデン発の「H&M」がありますが、こちらもすごくカラフルな色味のものが多いので、デンマークの人たちのシンプルさにびっくりするかもしれませんね。「マリメッコ」はともかく、「H&M」はファストファッションブランドであり、価格帯が安い代わりに、日々移り変わるファッショントレンドの、その瞬間の最先端をまとうことができるということに特化しています。

北欧においては、「一生ものは高い。そしてシンプル」と「一瞬ものは安い。目を楽しませてくれるもの」という具合に、両者の間に明確な線引きがされています。そして、そのことを知ったうえで、使い分けているのです。安く手に入って目を楽しませてくれるものと、一生使い続ける上質なものとは、その目的も用途も異なっているのです。

いいものが高いのには理由があります。第一に素材が高い。そして、手間暇がかかっています。ところが、残念ながら日本ではその認識が「ブランド」という名のもとで、混在してしまっているきらいがあります。ファストファッションもハイブランドも、どちらも同じ「ファッションブランド」という枠組みで捉えてしまっている人が多いように感じています。価格が安い／高いという差異以上に、そこには品質の違いがあります。

インテリアやファッションに限らず、「一生もの」は高いけれど飽きがこないものです。大切に使い、時には子供へと受け継がれていくものです。

その一方で、「一瞬もの」は安いけれど、当然ながら一過性のもの。例えるなら「人生の差し色」として、その時々の気分に応じて楽しむためのものです。

「一生もの」と「一瞬もの」。

きちんと見分け、上手に使い分けてみてください。

自分の「いいもの」を見つけよう

あなたは、洋服やカバンなどを買う際に、どのような基準で選んでいますか?

デザインがすぐれているもの?
質のいいもの?
値段が高いもの?

それともブランドとして名が通っているものでしょうか?

その基準とは、あなたにとっての「いいもの」を選ぶ軸と言い換えることもできるでしょう。

この軸がないと、自分の考えにブレが生じてしまいます。それが行き詰まると、誰かに「何を持ってるの？（使ってるの？）」と批評されるのが怖くて、ほかの人と同じものを持って安心したり、有名ブランドのものなら無難かと思い込んだりしてしまいがちです。

北欧の人たちは、男女ともにその軸を自分の中にしっかりと持っています。若い頃から、その軸を持って生活をするように教育を受けています。

だからこそ、皆さんに言いたいことは「自分の感性にもっと自信を持ちましょう」ということ。

「自分はこれを基準に選んでいるのだ」というものをしっかりと持ちましょう。あなたがいいと思えるものが、たとえノーブランドのものだって構わないんです。なぜならそれが自分の「個性」へと繋がっていくのですから。軸を持つこと、その軸を基準にして選ぶということ、その選択を継続していくこと。この連続性こそが、人生を豊かにするために大切なプロセスだと私は思います。

たとえば私の場合、気に入ったテーブルクロスの生地を見つけたら、必要量より多めに購入して、余った布帛をワンピースに仕立ててもらったりしています。先日つくったのは、イギリスの40年代のアンティーク生地でした。柄がとても気に入ってどうしてもつくりたくなったのです。

ほかには、カーテン生地をリメイクしたこともあります。引っ越しでカーテンのサイズが短くなり、生地をカットする必要があったのです。だったら、この生地に新たな役目を担ってもらおうかなと。それを着て仕事に行きましたが、誰もそれがカーテン生地だとは気づかなかったようです。「ビューエルさん、ステキなお洋服ですね」と商談先の方にほめていただきました(笑)

言ってみれば、これらはどれも「ノーブランド」です。値段もハイブランドに比べたら安いものです（かかったのはお仕立ての料金くらい）。でも、いいんです。私が気に入ったものを着ているだけなのですから。

それがいいものならば、テーブルクロスでもカーテンでも、洋服になります。はっきり言って「つくったもん勝ち」でもあります。

一方で、値段が高いからいいものとは限りません。誰もが知っている有名ブランドだからいいものというわけでもありません。

今の時代は、自分が「いい」と思ったものこそが「いいもの」なのです。

皆さん、自信を持っていきましょう！

ギラギラした欲や強烈な向上心は本当に必要？

北欧の人たちは、全般的に「ギラギラした欲」や「野心」、強烈な「向上心」をそれほど持ち合わせていません。というのも、社会保障が非常にしっかりしているからです。教育費や医療費無料という制度をご存知の方は多いのではないでしょうか。

そのため、貧困層はものすごく少ないのですが、同時に富裕層もかなり少ないのが特長です。60人程度の資産家が世界の富の半分を所有する現代、その格差は広がる一方なのに、これはとても稀有なパターンと言えるでしょう。イギリスのコンサルティング企業が発表している「ウェルス・レポート」では、〝資産50億円以上の超富裕層が多い国ランキング〟を紐解くとトップ20の中に唯一スウェーデンがランクインするくらいです。

この理由は、社会構造的にいわゆる「成り上がり」がとても難しいから。北欧の超富裕層と言われる人たちは、その多くが資産家ファミリー。祖父や曾祖父の代から脈々と資産を受け継いできた人たちです。自らの才覚をもって一代で巨万の財を築いたという人は、他国と比較してもそれほど多くはありません。

仕事に対してガツガツしていない、野心を持たない、出世欲がないと言えば、日本のいわゆる「さとり世代」の人たちにもちょっと似たようなところがあるかもしれません。ただ、さとり世代の人たちと北欧の人たちとで大きく違うのは、「趣味や遊びにはおおいに一生懸命になる」という点です。

北欧の夏は、白夜ということもあって夜が長く、23時くらいまで空が明るかったりします。そこで、仕事が終わった後には、おのおの自分の好きなことに興じる人も多いです。たとえば、夕方に仕事が終わると家に帰って馬に乗るという人もいますし、そのまま釣りに出かけるという人も。そういう意味では、情熱がうんとあるのです。ほかには食べること、飲むことなど、人間の欲求に対して貪欲に楽しんでいるなと感じています。

仕事に対して野心や強烈な向上心がそれほどないとは言っても、北欧諸国の一人あたりのGDPは高いことで知られています。アメリカの『フォーブス』誌が発表している「ビジネスに理想的な国ランキング」の2017年版では、スウェーデンが首位に立っていますし、ほかの4ヶ国もベスト10にランクしています(ちなみに日本は37位)。

これは、自らの価値観の中で「自分にとって何が大切か?」をしっかりと考え、その基準に基づいて行動しているからなのだと思います。ギラギラした欲はなくても、心の中には静かなる欲がしっかりと根づいていると言えるのです。本当の意味の豊かさとはこういうことなのではないでしょうか。

自分にとって本当に必要なものを取捨選択し、それに対して情熱を傾ける。そのようなメリハリをつけられるようになると、人生そのものがさらに味わい深いものになっていくはずです。

仕事の「やる気スイッチ」を入れるために

今の仕事が楽しいという方、特にやりがいを感じていないという方、妥協して仕方なく……という方、皆さんいろいろいらっしゃると思います。

現在、あなたが仕事に対してやりがいを感じていないという場合には、今一度、自分の仕事や環境について見直してみてはいかがでしょうか。

今の仕事にはどんなメリットがあるのか？

職場のどういうところがいいのか？

自分の置かれた立場の中で「あら探し」をするのではなく、「いいと感じているところ」を探し出すのです。まずはそこからはじめましょう。でないと、いくら転職をしたところで状況は変わらないでしょうから。

たとえば、誰かに「そんな会社なら辞めちゃえば？」と言われたとしましょう。そこで、「でも、うちの会社ってね……」と会社のいいところを一つでも挙げられたなら、今の会社で仕事を続けていく価値は十分あります。

一方で、「そうだよね……。」としか返せなかったら……。転職を考えてもいいのではないでしょうか。

一番よくないのは、深く考えることをせずに、「今の会社にやりがいはないけれど、転職もたぶん無理だろうし……。でも、やりたいことがあるわけではないし」と勝手にあきらめ、惰性で生きる人生です。

やりたいことがあるという方は、「失敗するかも」などと考える必要はありません。ぜひともチャレンジしてみましょう。迷ったら前へ進むことをおすすめします。仕事を続けながらでも、転職活動はできます。選択肢を探すことは十分可能です。

問題なのは、「なんとなくあきらめて、なんとなくそれ以降の人生を過ごしていいのか？」

ということです。

私の会社では最近「スタッフ・ブリーフィング」をはじめました。週1回、朝8時半からスタッフと二人で一緒にコーヒーを飲みながら話をします。それも私の自宅にスタッフを招いて。

言ってみればこれもｆｉｋａですね。

そこでは何を話してもいいことになっています。たとえば、「これからの人生、どうやって過ごすの？」なんて踏み込んだ話もします。

「そんな先のこと、まだわからない」と思うかもしれませんが、なんとなく過ごしていたら、あっという間に定年を迎えますよ。

時間は私たちが思っているよりも早く過ぎ去るものです。定年まで残り20年が残されているとして、何も考えずに過ごすのか、それとも何かのために向かっていく20年にするのか。

それだけでも人生の「質」は大きく変わります。そうであれば、今から将来のことを考えておいても損はないでしょう。

こういった話は、なかなか会社ではできません。

しかも、社長と社員の間柄では、普通に考えて仕事以外のことに向けるコミュニケーションの場がありません。

これがｆｉｋａの魅力でもあります。さらに会社ではなく、場所を変えて社長の自宅で、社長自身がお茶やコーヒーを入れて社員といっしょに楽しむ。ｆｉｋａにヒュッゲ的要素も加わると、思ってもみない素敵な会話に発展するから不思議です。

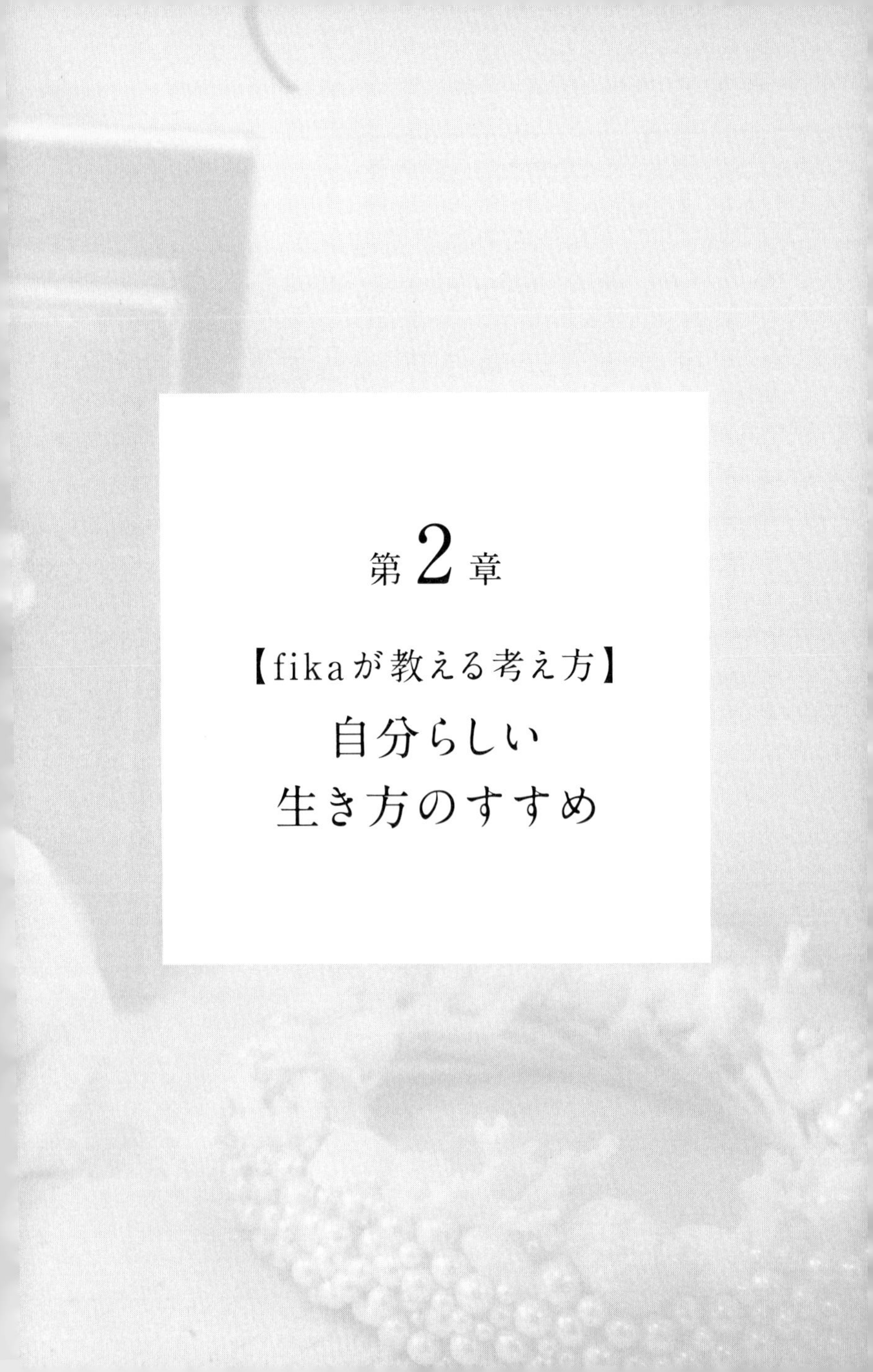

第2章

【fikaが教える考え方】
自分らしい生き方のすすめ

「fika」のエッセンスはさまざまなことに応用可能。

休み方を考えることは、働き方を考えることにつながり、
その結果として〝自分らしい生き方〟に直面します。

自分自身がどんな生き方をしてきたのか。
これからどんな生き方をしたいのか。

第2章では、fikaの考えをもとに、私が考える
生き方を変えるための12種の「MIND TIPS」を
ご紹介します。

「マインドのデトックス」とも表現できるそれらは、
明日から実践できる内容を中心にまとめました。

MIND TIPS 1
「笑顔」を味方につけよう

「あなたに足りないものがあります。それは〝笑顔〟です」

これは、私がカナダではじめて仕事に就いたとき、イギリス人の上司からまず最初に言われたことです。そのあと私は徹底的に「笑顔のレッスン」を受けました。毎朝出勤すると、「トイレに行って顔を見ていらっしゃい」と言われ、その表情がぎこちないと、「もっと心から笑ってごらん」と指摘されました。

私は鏡を見つけると即座に笑顔をつくり、車から降りる前にはルームミラーに向かってニッコリと笑いかけて、反射的に笑みが出るよう心がけました。それを半年ほど続けていくうち、やがて笑顔が自然と出てくるようになっていきました。

あらためて周囲を見回してみると、欧米の人たちは、たとえ知らない人でもちょっと目が合っただけでニコッと笑いかけてくれます。笑顔の文化が確立されているのですね。それに、何を話すにもニコニコ笑っています。本当はけっこうきついことを言っているはずなのに、笑顔だとなんとなくやわらかく思えたり、許せてしまったりすることも数多くあることもわかりました。

笑顔の効果、実は絶大です。

笑顔を常に絶やさないでいると、余裕があり、自信があるようにも見えます。また、断るときにもインパクトがかなり軽減されます。お互いニコニコと笑いながら話すうちに会話も弾み、相手との距離も縮まることも多いでしょう。

相手の対応もグンとよくなるはずです。たとえば、レストランではいい場所に案内されるでしょう。笑顔一つで、宿泊するホテルの部屋を無償アップグレードしてくれることもあるでしょう。

何よりも笑顔は「タダ」です。口角を上げて笑顔でいることで、自分自身が損をすることはないと言っても過言ではないでしょう。

残念ながら、日本人はとかく真面目な顔をして話しがちです。カナダ時代の上司からも、「日本人はすぐに真剣な顔になるからダメ。ニコッとするだけで、相手の反応はずいぶん違うものよ」とよく言われたものです。

たしかに、常に真剣な表情であれば、本当はどうでもいいことなのに、なぜかとんでもなく深刻なことに聞こえることもあるでしょう。なんだかもったいないですよね。どこの国に行っても日本人の印象が弱くなってしまうのは、こうした顔の表情にあると思います。

顔を上げて、相手の目を見て、ニッコリ笑ってみる。

笑顔は最強のアイテムです。ぜひ身につけましょう。

ｆｉｋａをしている人々の顔を見ると、みんな笑顔です。おいしいコーヒーを飲み、シナモンロールを口にし、友人たちとちょっとした会話を楽しむ。

ぜひ、ｆｉｋａを生活の中に取り入れて、笑顔でいる時間を少しでも増やしていくようにしてください。

MIND TIPS 2
真実は一つ、でも解釈は無限

日本には茶道や華道、剣道、柔道……など究めていく「道」がたくさんありますね。それぞれの道においては、「こういった場ではこうする」「ここではこうしなければならない」などの所作や作法がきちんと決められています。これらは日本文化の中に脈々と流れているものですから、大切にしたいものでもあります。

たとえば、２０１８年にテニスにおいて全豪オープン優勝という快挙を成し遂げた大坂なおみ選手が、試合で優勝したあとに相手に対して頭を下げてお辞儀していました。見た目は日本人離れした彼女ですが、日本人らしい立ち居振る舞いがちょっとしぐさにあらわれていて、同じ日本人としてなんだかうれしい気持ちになったものでした。

とはいうものの、一方で時代は刻々と変わってきています。それにともなって、型にこだわり過ぎるのはどうかと思います。

人はつい自分で正しいと思っていることを、「そうでなければならない」「こうあるべきだ」と考え、他人にも押しつけてしまいがちです。

実は、まさに私がそうでした。一緒に仕事をしているあるシニアスタッフの仕事ぶりに、ずっと不満を抱いていたのです。私から見ると、そのスタッフは仕事はできるけれど優柔不断で、気分屋です。はっきり答えを言わないから、やる意志があるのかないのかわからない。そういう煮え切らない態度にいつもイライラさせられてきました。それはなぜかと言えば、私には、仕事のやり方は「上に立つものは即座に決断を下すべき」「白黒はっきりさせるべき」という思いが強くあったからです。ですから、それに反する彼の様子に腹を立てていたのでした。

ところが、あるセミナーに参加した際、次のような言葉を聞いて、ハッとさせられました。

「真実は一つ。でも、解釈は無限にある」

この言葉のとらえ方の一つとして、「ゴールは一つだけれど、そこにたどり着くまでの道のりはいくらでもある」という考えもできるのではないでしょうか。

「会社の売り上げを上げる」という目標は同じだとしても、そこに至るまでの方法はそれぞれ違います。つまり、自分の仕事のやり方と彼のそれは異なって当たり前。なのに、私は自分の仕事の仕方こそが「正しい」と思い、それを主張して彼に押しつけようとしていました。それ以外の方法を認めなかったのです。

先の言葉で言えば、目的もひとつなら「解釈もひとつ」だと信じているところがあったのです。彼にしてみたら、〝自分は一生懸命いろいろなことをやっているのに、なんでわかってくれないのだろう？〟という思いがあったことでしょう。

そのことに気づいてからは、私は彼に対して口うるさく言うのをやめることにしました。すると、不思議なもので彼の態度に変化があらわれたのです。もしかしたら、私のかたくなな考え方が、彼を優柔不断に見せていただけなのかもしれません。

もっと肩の力を抜いて、柔軟に物事を考えてみましょう。

「やるべき」「こうあるべき」という壁を取っ払い、年齢や経験に関係なく、いいことや気づきがあったときにはそれを受け入れる態勢を持ってみましょう。そのほうが自分にも他人にもいい結果が待っているものです。

MIND TIPS 3
ストレスをためる前に解消する方法を考える

北欧の人たちは日本人にくらべるとストレスは少ないように思います。私たち日本人にくらべて、社会的な悩みは圧倒的に少ないからです。

老後は保障されていますし、子供の学費を心配する必要もありません。病気や手術にかかる費用をどうしよう？　親の介護は？　と悩むこともないし、地震はないから天災、災害をそれほど恐れることはないでしょう。せいぜい、今日の夕ご飯は何にする？　とか、週末どこに行く？　とかそういった軽い悩みくらいではないでしょうか。

そう考えると、日本人が潜在的に抱いているストレスは計り知れないですよね。日本では、「子供一人を大学卒業させるのにかかる費用は、中古のマンションを買うのと同じ」ほどだと言われています。私自身のことを振り返ってみても、3人の子どもたちの学費を払わなければというストレスや、それを払ったら家は買えるのか？　買ったところでローンは払えるのか？　さらには、老後のお金はどこから出せばいいのか？　という数多くの不安と戦い続けてきました。

とは言っても、このストレスは資本主義の社会で生きていくなら、ある程度やむを得ないこと。日本のほか、アメリカやカナダなども似たようなもので、世界的に重度なストレス社会が形成されています。であれば、この環境をただ憂うるのではなく、逆にストレスをなるべくためない方法を考えたほうが得策です。

ストレスに甘んじてはいけないと私は思います。逆に、自分が何をしたらストレスを減らせるかを考え、そのための努力をしてみましょう。

ストレスの発散法は、人間のタイプに合わせて大きく4種類に分けられるそうです。それは「発散型」と「浄化型」「動的」と「静的」のマッピングによって分類されていきます。

私はどうやら「発散型－動的」タイプで、運動する、走る、大騒ぎする、大声で歌う、買い物するなどの行動が合うようです。そういえば、営業訪問の帰り道に、車の中で「もうやってらんない、こんなこと！」とか「バカヤロー！」などと大声で叫んでいました（笑）。ちなみに、「発散型－静的」タイプは、泣く、文章を書く、サウナで汗をかく、他人とおしゃべりをするなど。「浄化型－動的」タイプは、掃除をする、旅行に行く、好きなものを食べる、散歩する、ペットと遊ぶなど。「浄化型－静的」タイプはマッサージを受ける、自然に浸る、瞑想する、寝るなどが適しているようです。

このように、ストレスの発散方法は一つではなく、その人ごとに合ったものがあるはずです。それらを自分で見つけて、積極的に行なっていきましょう。

私は毎週パーソナルトレーニングに通っていますが、シェイプアップや体力づくりのためというより、ストレス解消のために行なっているところが大きいです。仕事が立て込んで忙しいときなど、「今日はトレーニングに行きたくないな」「サボっちゃおうかな」という誘惑に駆られることもしばしばあります。早く家に帰ってのんびりしたい……。でも、それをやってはいけない、甘やかしてはいけないと自分を戒め、自分を追い込んでトレーニングに連れて行くようにしています。行ってしまえば気持ちいいのですけれどね。行くまでが大変です。

これまで私はスポーツジムの会員になっていましたが、「出張が多くて疲れた」「海外に行っていて時差ボケだから、今日はやめておこう」など、毎日行かない理由を何かしら挙げてはサボり続けてきました。

毎週行かないことに対する自己嫌悪よりも、行かない理由のほうが勝っていましたから。でも、運動しないと身体のバランスも崩れてくるし、ストレスも知らず知らずのうちに体内にため込んでしまうことがわかったのです。

そこで、パーソナルトレーナーの指導を受けることに切り替えました。費用はスポーツジムよりもかかりますが、サボることができません。トレーナーを予約し、日時を決めますから行かざるを得ません。仕事のアポイントと同じですね。実際、パーソナルトレーニングを受けるようになってからは、運動を休むことが格段に少なくなりました。ジムの会員のほうが月会費は安かったですが、行かない月も多かったので、単価に直すとパーソナルトレーニングのほうが結局安くつくこともわかりました。心にも身体にも、さらにはお財布にもいい結果が得られたというわけです。

そのほかには、「毎週金曜日はお花の日」と決めています。

お花屋さんに生花を配達してもらい、それを私がアレンジします。毎週、お花が自動的に届くからそれを生けざるを得ません。ある意味強制的ですね。

ストレスをため込まないための努力は、皆さんもぜひ惜しまないでください。自分に合ったストレスの発散方法を見つけ出せると、気持ちがかなり楽になることは間違いありませんので。

MIND TIPS 4
「自分ファースト」で何が悪い

日本人の美徳のひとつと言えるかもしれませんが、つい自分を後回しに考えてしまいがちです。けれど、本当は「自分が一番大切」と考えることが必要です。

もちろん、家族も大切ですし、友達も周囲の人たちも大事。でも、なにより大切にしたいのは、ほかならぬ「自分」です。欧米の文化においては、一番に自分のことを考えるのは当然です。

英語では、文章のはじめにまず「I」がきますね。先頭に「I」。考え方の基本もこれと同じです。なぜなら、自分を大切にできない人はほかの人を大切にすることなど到底できないからです。子供、パートナー、お父さんお母さん、友達を大事にできるか……、これらの前に、まず「自分」を大切にできるかが問われます。まさに「自分ファースト」なのです。

日本人はこの「まず自分」ができない方が非常に多いのではないでしょうか。

実は、かつての私もそのひとりでした。自分のことをまず考えるのは、わがままで自分本位な人のすることだ、と思っていたのです。けれど、あるときそれがどれだけ無責任であるかということに気づかされました。

今から20年ほど前のこと、私は起業したばかりでした。右も左もわからない状態だった私は、先輩起業家の方に「受けてみるといいよ」と3日間のセミナー研修をすすめられました。そこではまず、8人で一グループになり、それぞれリーダーと副リーダーを決めました。3日間にわたってグループ単位でいろいろな講座を受け、最後に「ライフボード」というプログラムを行なうことに。それは次のようなものです。

「グループ全員が乗っている船がまもなく沈没します。ここに救命ボートがありますが、乗ることのできる人数は5人です。誰を乗せて、誰を乗せないかを各自で考え、その理由とともに発表してください。」

「リーダーはリーダーシップがあって強そうだから乗ってもらう」「○○さんは弱々しくてみんなの足出まといになりそうだから乗せない」など、何らかの理由をつけて他人を選別するのは本当につらかったです。それはなぜかと言えば、「自己犠牲こそが美徳である」とする日本人の考えに反するものだからでしょう。「他人を蹴落とし、自分だけが生き残ろうとするなんて人としてよくない」とするものです。

実際、自分を救命ボートに乗るメンバーには選ばず、「沈没する船に残る」という選択をした方が参加者の半数を占めていました。私は、「ああ、申し訳ないなあ」と罪の意識を抱きながら、副リーダーだったこともあり、恐る恐る自分が乗ることを選びました。

すると、講師の方はこう言ったのです。

「自分を選ばなかった方は、それを美徳だと思っていますよね。でも、本当はその選択がどれだけ無責任であるか、わかっていますか？　これは小さな救命ボートです。エンジンで動く立派な船ではありません。ボートに乗ったところで、命が助かる保障はどこにもないのです。」

それを聞いて、私はハッとしました。自分を選ばないことが無責任になるとは夢にも思わなかったからです。ボートをほかのメンバーに譲ることこそが「善」であるかのような気持ちにさえなっていました。

確かによくよく考えてみると、小さなボートは風に流されて、どこに漂流するともわかりません。もしかすると、嵐がきて波にのまれてしまうかもしれません。飲み水がない状態で何日も過ごすことを余儀なくされる場合だってあるでしょう。つまり、救命ボートに乗ったことによって、かえって長く続く苦しみが待ち受けている可能性だって大いにあるのです。

そのことを学んだ私は、次にライフボートに自分と会社のスタッフたちを当てはめてみることにしました。私は救命ボートに乗らず、スタッフだけを乗せたとしたらどうなるだろうか？　スタッフのみんなはどちらの方角に進めばいいのかもわからず、路頭に迷うかもしれません。ボートが転覆して全員が溺れてしまう可能性だってあるでしょう。ならば、むしろ私が先頭に立ってみんなを助けられるよう積極的に指示を出したほうがいい、という考えに思い至りました。自分自身を救えない人はほかの人を救えない。自分を第一に考えることに罪悪感を抱く必要はまったくない、ということを教えてもらったのでした。

人生には迷う場面が多々あります。「これを選ぶことは、自分にとって有利な結果を生むだろう。けれど、ほかの人にとっては必ずしもそうとは言えない結果になるかもしれない。私は自分の利益ばかりを考え、これを選択して本当にいいのだろうか？」と揺れることなどしょっちゅうです。そのようなときには、この「ライフボート」の話を思い出すようにしています。人のために良かれと思って自分が下がるのは、実は無責任なことなのです。美徳でもなんでもない。

北欧には、「7年間友達であれば、家族と同じ」という言い伝えがあります。「ライフボート」は、決して自己中心的な動向のすすめではありません。価値観の軸をどこに置くかということです。友を思う気持ちは重要です。

それが明確になったことで、その後の人生における選択に揺らぎがなくなりました。誰かと一緒に何かを決めていかなければいけない場面では、まずは自分を助ける。これが回り回って、ほかの人のためにもなることだからです。

信念を持って、確固たる理由で自分を選びましょう。

MIND TIPS 5
トラブルは「小分け」にして考える

トラブルは人生につきものです。それらがやっかいなことは、一つひとつ順番にやってくるのではなく、往々にして同時多発的に発生するものであるということ。そして、人はいくつかの案件が一気にふりかかってくるときにストレスを強く感じます。それら全部を一気に解決しようとすると気が重くなるでしょう。けれど、一つひとつ個別に考えていくと、意外とすんなり解決することもよくあることです。

訳がわからなくてどう対処していいかわからなかったり、先が見えなかったりすると、人はパニックになりがちですが、ちょっと冷静になってみると解決法が見えてくるものです。それは、得体の知れない巨大な怪物があらわれたような恐怖に襲われたけれど、よくよく見てみたら、それは実は「張りぼて」だったり、小さな動物の集まりだった、というのと似ているかもしれません。大物を相手にするのはなかなか大変ですが、小物を少しずつ退治するのなら、私たちにもできるのではないでしょうか。

何かトラブルが起こったら、全部一気に解決しようとはせず、小さな塊を一つひとつつぶしていくつもりで対処していきましょう。たいていのことはなんとかなりますし、ストレスは格段に減るはずです。

MIND TIPS 6 人生はすべて「ゲーム」

トラブルを上手に乗り切るためのもうひとつの方法があります。それは、自分にふりかかったことを「ゲーム」だと考えるのです。

私のケースで言えば、自分の仕事を進めたいのに、次から次へとスタッフが相談に来ることがあります。それらはどれもすぐにやらなければならない、優先順位の高いことだったりすると、私の頭はパンクしそうになります。以前でしたら、「私だって今とりかかっている仕事があるのだから、相談は少しあとにしてくれる?」と断っていました。

でも、今では「これは、『自分の仕事を中断されても、また風船が割れないうちにもとの仕事に戻る』というゲームなんだ」と思うようにしています。どうしたら、短時間で効率的に指示が出せるか？　そして中断される前の思考回路にいかに早く戻れるか？　という任務を課されたロールプレイングゲームの主人公になって、「戦い」に臨むのです。

気づけば、そのゲームにはまり、「ここはもっとうまくできるかもしれない」「次はどうかわしていこう」と考えて、楽しくなってきます。最後には、「よし！　もっと来い！」という気持ちにさえなっていきました。

実は人生はゲームのようなものだと思います。

敵が襲ってきたり、突然橋が崩れたり……。そのようなとき、どう対応し、ゴールを目指すか？　ゲームだと思えば、楽しむこともできるのではないでしょうか。

MIND TIPS 7
怒っても解決しないことには怒らない

「ビューエルさんは本当に怒らないですよね」

そんな風に言われることがよくあります。けれど、昔からそうだったわけではありません。以前はよくイライラして、腹を立てていたものです。でも、経営者になって、母親になって……。いろいろなことが自分の思い通りにならない、ということを知り、自分がよかれと思ってやっていたことがみんなにとっていいことではなかった、という経験をイヤというほど重ねるうちに、だんだんと怒りの火種もおさまってきました。そして、「どうせ自分の思い通りにならないのだから、怒ったって仕方がない。腹を立てて何の得になるのだろう?」と考えるようになりました。

どんなに騒いだって、キーキーわめいたって、状況が変わってくれるわけではありません。変わらないことに時間を使うのは非常にもったいない。ならば、もっと前向きなこと、建設的なことにエネルギーを使おう、と思えるようになったのです。

以前、こんな事件がありました。

とあるテレビショッピングの番組で、うちの会社の商品を大きく取り上げてもらう特集が組まれることになりました。売り上げが1日で1億2000万円は上がる一大イベントです。その日に向けて、会社をあげて準備が進められることになりました。

オンエア当日まであと6日に迫った、ある金曜日のことです。突然ひとりのスタッフが目に涙を浮かべながら、私のところにやってきて言いました。「ビューエルさん、大変です。キャメルの掛布団の発注数を間違えました……」と。

聞けば、デンマークから輸入している掛布団のうち、シングル幅は予定通り発注したものの、ダブル幅の発注数をミスしてしまい、800枚ほど足りないというのです。番組担当者からは、「指定数がすべてそろっていないのであれば、オンエアはできません」という非情な通達が。それでは、ダブル幅はおろか数千枚用意したシングルの布団も売ることができません。売り上げはゼロです。1億2000万円は水の泡で、そうなれば私の会社は倒産することになります。

ここで私はどうしたでしょう？　発注ミスをした彼を怒ったのでしょうか？　始末書を書かせたのでしょうか？

それらはすべて後回しにし、まずデンマークの製造会社に国際電話をかけました。なぜなら、彼を責めたって何の解決にもならないし、状況は1ミリも改善しないからです。

そのとき、デンマークは午後4時でした。通常なら、社員さんはとっくに仕事を終えて帰宅している時間です。ところが、たまたまその社長さんが会社に残っていて、電話を受けてくれました。そして、一通り説明をし終わったあとにこう言ってくれたのです。

「会社のスタッフにあなたたちの話をしたら、『私たちも協力します』と言っている。今日もこれから残業し、明日も休日出勤して、この週末でなんとか必要な800枚をつくり上げるよ」

これで問題は一つクリアしました。次なる課題は、できあがったダブル幅の掛布団をどうやって日本に運ぶかというもの。通常の輸送方法では到底オンエアまでには間に合いません。テレビの担当者からは、「木曜日の朝8時までに商品が日本に入らなければ、オンエアは打ち止めにします」と宣告されています。

この件に頭を悩ませていると、デンマークの社長から「飛行機をチャーターしてはどうか?」と提案されました。でも、飛行機をチャーターするなんて、私の人生の中ではもちろん経験がありません。一方で、番組がオンエアできずに1億2000万円を売り上げることができなかったら、私の会社は間違いなく倒産です。

「飛行機をチャーターする」か「倒産」か。

私には選ぶ余地はありませんでした。チャーター便がいくらかかるかは皆目見当もつきませんでしたが、倒産しないためにはそれしか方法がありません。

土日の間になんとかつくってもらった800枚は、月曜日にトラックに積まれ、デンマークからドイツのフランクフルトに運ばれ、貨物機に載せられました。そして、シンガポール、台北を経由して、ついに成田空港に到着しました。この時点で木曜日の朝です。なんとか指定日までに間に合うことができたのです。そして、テレビショッピングは予定通りオンエアされ、商品は完売し、私の会社は生き残ることができました。

もしあのとき、選択を誤っていたら……。すぐにデンマークの会社に電話しなかったら……。社長が帰宅してしまっていたら……。おそらく今、私の会社はなかったでしょう。それはもしかしたら、分単位のタイミングだったのかもしれません。

私は結果として正しい選択をすることができました。何よりもまずできる手立てがあったから。優先順位としては、責任の所在を追求するよりも、とにかく納品を間に合わせることのほうが高いと考えたのです。「形式」よりも「実」を取ったと言えるでしょう。

怒る前にまず、今できることをやってみる。そのことのほうが重要ですし、最終的にいい結果を得られることが多いでしょう。

余談ですが、飛行機のチャーターにはいくらかかったでしょうか？　総額で約200万円でした。デンマークの会社の方がいくつもの飛行機の会社に電話して問い合わせてくれたのですが、みんなに笑われたそうです。「本気で飛行機を1機チャーターするつもりですか？　冗談でしょ？　そんなに寝具を積んでどうするの？」と。今となってはいい経験だったと思っています。

ここまで大きな出来事ではないにせよ、日々の生活の中にも、やる順番を間違えると大事（おおごと）になることはよくあります。トラブルが起こったとき、謝りに行ったり、責任を追及して怒ったりするより前に、どうしてそうなったか？　の原因を究明し、トラブルを収拾することを行なったほうがいい場合もあります。優先順位を見誤ると、時間のロスも出てくるでしょうし、効率や生産性が悪化したりもするでしょう。

トラブルに見舞われると、怒りたくなることもよくあります。でも、そういうときほどいったん立ち止まってみましょう。怒鳴りたいのはやまやまだけれど、怒鳴ったところで問題が解決するのか？　それよりも前にやるべきことがあるのではないか？　を考えてみるのです。トレーニングとして捉え、自分の感情を上手にコントロールしましょう。これを習慣化するうちに、徐々に不愉快に思う時間は減っていきます。

あらためて考えてみると、怒ったからといって解決することなどほとんどないことに気づくはずです。だったら、怒っても仕方がない。そして、怒らないほうが実は気持ちがグンと楽なことにも気づくはずです。

MIND TIPS 8
「喜・哀・楽」はあえて表現する

私は、喜怒哀楽のうちの「喜（喜ぶ）・哀（哀しむ）・楽（楽しむ）」は積極的に表現するようにしています。「怒」はあまり表わしません。スタッフに対してもよっぽどのことがない限り、怒りません。それは先ほどにも書いたとおり、怒っても解決しないことに対して腹を立てても、時間や労力のムダ遣いになるだけだからです。

以前は、嫌なことを誰かに言われたとしてもそれを隠し、何事もないようにふるまっていました。けれど、それだとストレスをためる結果にしかなりませんでした。また、私が文句を心の中に溜めながら仕事をしていると、スタッフも本音を言いづらいですよね。私は、「会社でもまるで家にいるかのように仕事してもらえるとうまくいく」と考えているので、スタッフには感情を吐き出しやすい環境を提供することを心がけています。そのためにも、要所要所で自分の感情をあえて見せるようにしているのです。

「喜・哀・楽」を積極的に見せるようにしてきたことで、思わぬ効果がありました。それは、スタッフ全体に思いやりの心が生まれたことです。スタッフは誰かが何かに困っていたり、イライラしていたりしたら、サッと飲み物を差し入れたりするようになりました。

私の会社では10項目の理念を掲げていて、その一つに「スタッフは思いやりを持って行動する」という項目があります。これをしっかりと実践してくれているのです。

たとえば、私はスカッとしたいことがあると、普段は絶対飲まないコーラが欲しくなるクセがあります。「あー、イライラする〜！」と会社で叫ぶと（もちろん怒気は含まず演技がかったような口調です）、「コーラ買ってきます！」とスタッフが走ってくれることがあります。それを飲んで、「あー、スカッとした！」という一連の流れがワンセットです（笑）。これは半分ジョークのようなやりとりですが、感情を表に見せるようにすると、周りの雰囲気もよくなることは実証済みです。

この考えはｆｉｋａにも共通しています。

MIND TIPS 9
自分の中に「ピラミッド」をつくろう

「日本人は働きすぎ」とか「もっと休もう」などと声高に叫ばれています。そんな社会的状況下で本格的に働き方改革をやっていくならば、重要なポイントとなるのが、「プライオリティの置き方」ではないでしょうか。

「人は自分をどう思っているか」「自分はどう判定されているのか？」といったことを意識しすぎると、はっきり言って何もできません。

よく言われることでもありますが、変えられるのは「自分自身」と「未来」だけです。「他人」と「過去」は変えられません。そうであるならば、自分が自分のできる範囲で変えていくしかないですよね。変えられるのは、自分の考え方、自分の行動、そして自分の未来です。

しかし、協調性がないと、今の日本社会ではうまくやっていけないこともまた事実です。だからと言って、自分の思いを考えず、他人からの評価ばかり気にするのはもうやめましょう。空気を読むのもやめましょう。

人は人。自分は自分なのですから。

そのあたりはもっとドライに割り切って考えてもいいのではないでしょうか。

あなたにとって、大切なことはなんですか？

これを明確にするためにも、心の中に「ピラミッド」をつくってみましょう。これは欧米の人たちの多くが持っている考え方でもあります。

ピラミッドの一番下が、自分にとって根底となるもっとも大切なものです。上に行けば行くほど重要度は薄まります。

ピラミッドの内容は人によって大きく異なるでしょう。

とはいっても、一番のベースとなるのは「自分」です。その上に「家族」があり、「仕事」があって……という具合に順番を考えていきましょう。これがあなたにとっての「基軸」であり、「芯」の部分です。大切な部分に重きを置き、時間を割きましょう。

ピラミッドは三角形ですよね。上に行くにつれ、希薄になっていいのです。これがもし三角形でなく長方形だったら……あれもこれもに対して同じ比重で接し、大切にしなければなりませんから大変なことになります。

日本では、このピラミッドがさかさまになっている方を多く見かけます。逆三角形ということはつまり、自分の大切なものを犠牲にして、それほど優先順位の高くないことのために時間を割いて頑張ってしまうのです。でも、これでは幸せを得られません。

気持ちが揺れたら、自分の「根幹」に立ち戻りましょう。

自分にとって何が大切なのか。その都度、ピラミッドを思い出すのです。大切なものは、年齢や家族構成、ライフステージの変化によって変わるかもしれませんが、根っこの部分はいくつになってもさほど変わらないものです。

MIND TIPS 10
嫌われない上手な「断り方」

日本人は「NO」と言えない、と言われますね。断ると嫌われてしまうのではないか、評価が下がるのではないか、と考えるからかもしれません。

でも、どんな人に対しても等しく1日は24時間、1年は365日です。時間ほど平等なものはありません。そのなかで、自分らしさを保ち、自分が望む生活を送る必要があります。

となると、重要となってくるのが、「選択する」ということです。自分のピラミッドに則って、大切なものを守る。そのためには、時として排除するものが必要になってくるのです。ただ、断り方によって、相手に不快な思いをさせてしまうことがあるのもまた事実。

では、どのような断り方をするのがいいでしょう。

その前に、まずは先にお話しした自分のピラミッドをしっかりと築くことです。そして、その重要度をもとにして、どちらが自分にとって大切かを天秤にかけてみるのです。それは「ポリシーを持って臨む」とも言い換えられるでしょう。

たとえば、自分のピラミッドが「自分↓家族↓仕事↓友達」の順だった場合。友達に誘われたけれど、その日は家族との予定が入っていたとしたら、変にとりつくろったりせず、「お誘いありがとう。だけどあいにく、その日は家族の予定があるので出席できないわ」と堂々と言うことが大切です。

それを、「娘が熱を出してしまったのでいけません」など、その場限りのウソで取り繕おうとすると、次からもウソの上塗りをし続けなければいけない羽目に陥ります。そのうち、「あの人、いつも言うことが違うわよね～」と言われ、信頼を下げる原因にもなるでしょう。常に自分の「軸」に照らし合わせ、優先順位を考えること。その軸がぶれていなければ、断りを入れても相手に納得してもらえるはずです。

MIND TIPS 11

〝ひと言〟の手間をおしまずに

本来、有給休暇は働く人たち全員の権利なのですが、残念ながら日本の職場ではなかなか休みを取りづらい環境にある人が多いのではないでしょうか。それを抜本的に変えるべく、2019年4月1日から「働き方改革関連法案」の一つとして、年次有給休暇の5日以上の取得義務化が施行されることになっています。

ちなみに、私の会社では1週間までは1時間単位で自由に有休を取れるようになっています。スタッフによってその使い方は千差万別。2、3時間の単位で有休を利用し、その時間を使って歯医者に行ったり、子供の学校行事に参加したりするなどしている人もいれば、奥さんの出産に立ち会うために数時間の有給をとる人もいます。

ところで、有休をとりやすくするためには、同じ部署内での調整が必須になってくるでしょう。取得するにあたっても、みんなが一度に同じタイミングで休むことは難しいので、その調整はスタッフに一任しています。そのためにはまず、普段から部署内の「風通し」をよくしておく必要があるのではないでしょうか。そこで重要となるのが、「ちょっとしたひと言」です。

たとえば、自分の仕事が終わったとき、黙って帰るのではなく、「何か手伝えることはありますか？」と聞いてみる。多くの場合、残っている同僚は何も言わないでしょう。そのひと言がないと「だまって一人だけ先に帰っちゃって」と妬みを受けることにもなりかねません。

ほかには、自分のゴミ箱を片づけるときには、「ゴミ、捨ててきましょうか？」とか、お茶を持ってくるときには「お茶入れましょうか？」とか、気遣いのひと言を添えてみましょう。それだけで相手は気分がよくなるはずです。そうすると、ちょっとしたことにも寛容になっていくものなのです。

これは非常に日本的な方法かもしれません。海外だったら、そんなこと知ったこっちゃありませんからね。でも、日本でやっていくならこれは非常に重要な方法です。ちょっとしたひと言を惜しまないことが、社内の風通しをよくすることにつながります。

MIND TIPS 12

自分の「キャラ」をつくり上げよう

自分の意見を通しやすくするための方法としては、「あの人はこういう人なんだ」と周囲に認知させることもひとつの手です。

私の会社にフランス好きなスタッフがいて、毎年フランスを旅しています。社内では、彼女は「毎年フランスに行く人」というキャラが出来上がっているので、ある時期になると「そろそろフランスに行く時期ですよね?」と周囲から逆に訊かれるまでになっていま す。そうなると休みも取りやすいですよね。これはキャラを作って浸透させたからできる技。それでも、みんなが認めるくらいになるためには、それなりの時間も必要ですが。

日本人の場合、会社に先にいる人の「既得権益」みたいなものがある場合が多く、あとから入社した人は自分の意見を言いにくいところがあるでしょう。新人ではなかなか言い出しづらいのは仕方のないこととしても、中堅になってきたらときには自分の意見を言わないといけないと思います。たとえ多少悪口を言われたとしても、自分のやりたいことをやらなければ損です。

どうすればいいのか。たとえば、事前に「毎週水曜日は早くあがらせてください」と宣言しておくのもいいでしょう。あるスタッフは、「金曜日はお花を習っているので定時で帰ります」と言いました。それに対してちょっと小言を言っていた男性の上司がいたのですが、「これは花嫁修業ですから」と彼女が返したところ、それ以降何も言わなくなりました。さらには「がんばれよ!」と応援の言葉までかけてもらったそうです(笑)。

「なんと古風な」と思われるかもしれませんが、お花とか料理とか茶道などと言うと、割とすんなり受け入れられることが多いのは日本社会における事実です。たとえ、1度や2度少し嫌なことを言われたとしても、めげずにトライすることが大切です。

近しい先輩に、事前に相談という名の「根回し」をしておくことも有効です。「水曜日からやりたい習い事があるのですが、先に帰ってもいいでしょうか？」と伝えておくのです。人は相談されると悪い気はしませんし、むしろその人を擁護してあげようという気持ちにもなるものです。

海外では、長期のバケーションは当然の権利ですから、日本のような心配はまったくの杞憂ですが、日本の社会ではまだそこまでには至っていません。ですから、自分の休みを得るためにはちょっとした工夫が必要なのです。その工夫一つで、後ろめたさなどもなくなっていくのですから。

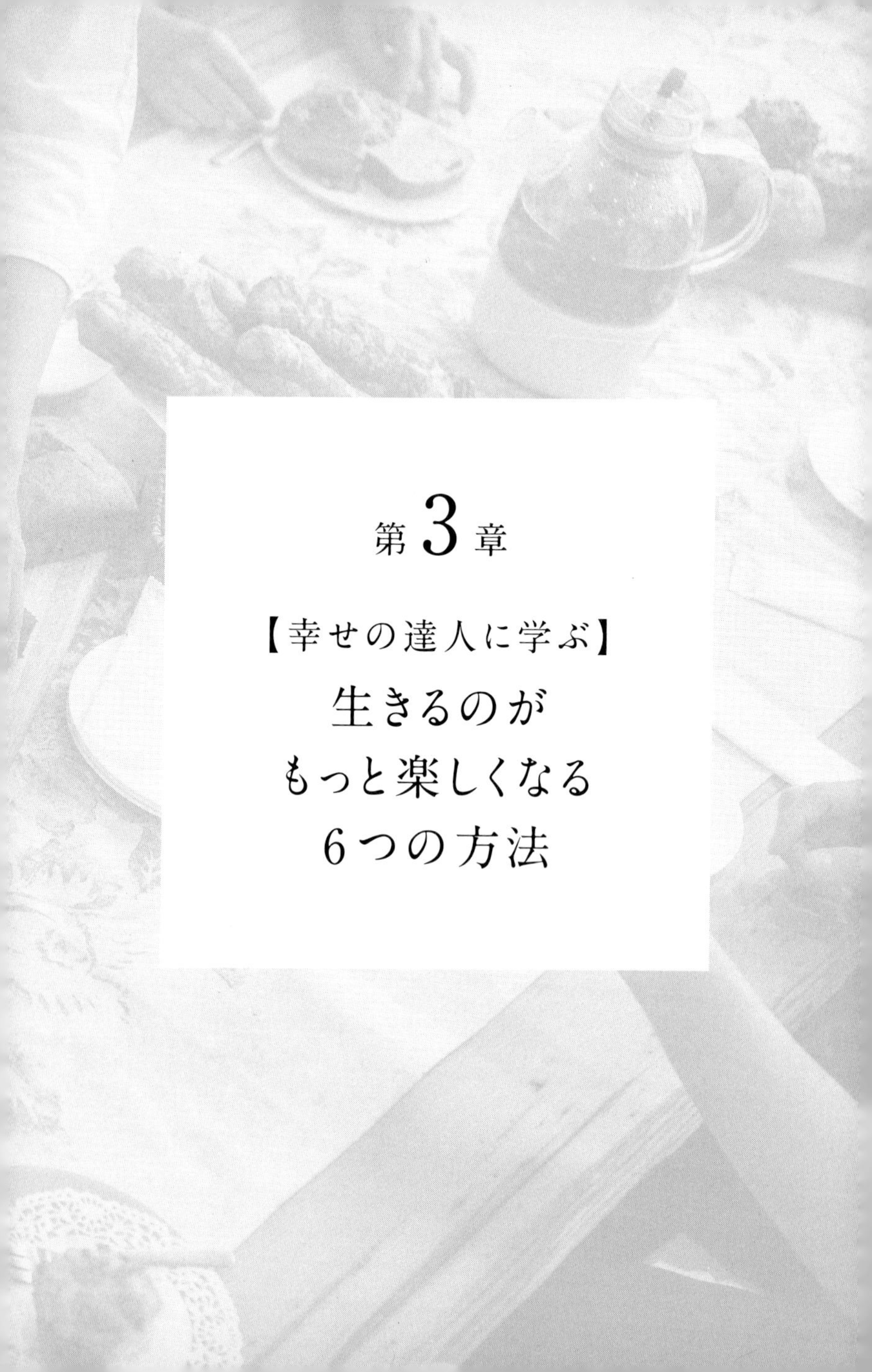

第3章

【幸せの達人に学ぶ】生きるのがもっと楽しくなる6つの方法

SNSが全盛期になった現代、
新たな悩みの種も生まれています。

楽しむためにはじめたツールなのに、
いつしかそれに囚われてしまっている。
それは、現実世界の人間関係にも波及する。

そんな時代において、私たちはどう生きるのか。

ネットやリアルの人間関係にしんどさを感じているとしたら、
どういう風に考え方を切り替えていけばいいのか。

会社を経営していく中で直面した事例を紐解きながら、
生きるのが楽しくなるための6つの方法をご紹介します。

WAY OF THINKING 1
嫌われることに過敏になり過ぎない

ＳＮＳが浸透し、生活から切り離せなくなってしまった昨今、「友達同士のグループＬＩＮＥからはずされるのが怖い」という声をよく聞きます。学生、社会人、主婦など世代を問わず起こっていることではないでしょうか。これは一種の仲間外れでもありますし、グループに所属していることで「仲間の一員」である自分を確認できるので、そこからはずされたらショックですよね。いい気持ちがしないのも当然です。

でも、言ってみればそれも一過性のもの。ある意味、思い切りが必要です。

そもそも、そのＬＩＮＥグループのメンバーに嫌われたからといって、あなたの生活に大きな変化はありますか？　その人たちが、あなたを食べさせてくれるわけならば話は別ですが、そうではないですよね？　ということは、たとえその人たちと距離を置いたからといって、あなたの生活に支障をきたすことにはならないのです。極端なことを言えば、「あってもなくてもいい存在」くらいに割り切ってしまってもいいと思うのです。

グループＬＩＮＥに入っていることで得られるメリットとデメリットを考えてみましょう。帰属意識を持つことによって与えられる安心感はメリットかもしれません。でも、そこでのやりとりに神経をとがらせ、貴重な時間を取られてしまうのはデメリットとも言えますね。逆に考えれば、グループからはずれたことで、自分の自由になる時間が増えるということになります。これによって、新たなるメリットも。

スウェーデンでは、職場で１日数回ｆｉｋａをとり、非常にコミュニケーションを大事にしますが、だからといって、そのグループＳＮＳで頻繁に連絡をとりあったりしません。また、コミュニケーションをとりあう時も、良く見られたい発言もしません。なぜなら、そうしてしまうと自分が疲れてしまうからです。

もうみんなにいい顔をする必要はありません。
周りばかりを気にしていると、リアルの生活が希薄になります。人間だから気になるのは仕方ありません。でも、考えない。
これが大切です。

万人に好かれることはなかなか難しいものです。でも、SNS時代において、実はそれほど必要なものでもないのです。それよりも、自分の好きな相手に好きになってもらうこと。このほうが何倍も、いや、何十倍も自分にとってメリットのあることではないでしょうか。

WAY OF THINKING 2

噂は単なる噂――軽く流そう

「もしかしたら、私のこと悪く言われているかもしれない」と気になって仕方ないことがありませんか？　けれど、そういった「もしかしたら……」と想定されることをすべて気にしていたら、はっきり言ってキリがありません。

世の中には噂好きの人はいるものです。その場にいない人のことを必ず悪く言う人もいます。でも、他人に何を言われたとしても、噂は単なる「噂」です。噂が真実でない場合も往々にしてあります。

不確定な出来事をあれこれ考えても結論は出ません。するのは、取り越し苦労ばかり。それってもったいないことですよね。

であれば、たとえ「誰かに悪い噂をされているかも……」と感じたとしても、それを考えることは時間のムダにすぎないとすっぱり割り切り、もう考えるのはやめにしましょう。

それから、よくあるのが、ほかの人たちがみな自分と同じ思考回路で物事を考えていると勘違いしてしまうことです。「自分がこういうふうに思っているのだから、相手もきっとそう感じているに違いない」と勝手に確信してしまうのです。でも、実際には、人の考え方は千差万別です。あなたが思うように相手は考えていない場合も非常に多いです。

ある女性は、職場の同僚に対して、「〇〇さんって、私のことをよく思っていないですよね」「私の仕事の仕方についてなにか言いたげですよね」と考えがちです。そのようなとき、うっかり「そうだよね。そういえば、〇〇さんはこんなことを言っていたわよね」と肯定するような返事をしてしまうと、「やっぱりね、そういえば以前もあんなことがあったわ……」とどんどん過去を思い返し、邪推を深めることになりがちです。

私はそのような場面に出くわしたときには、「大丈夫、大丈夫！　誰もそんなこと思っていないから」と、あえて声を大にして言います。なぜなら、確信のないことをあれこれ詮索しても意味がないからです。一度でも疑心暗鬼になると、すべてのものが疑わしく見えてきます。でも、そんなのは、本来どうでもいいことです。

噂は噂。軽く流して、もっと別のことを考えましょう。時間は誰しも平等に流れているのですから、もったいないですよ。

WAY OF THINKING 3
考えすぎない訓練をしよう

人間、考えすぎないほうがうまくいくこともたくさんあります。もしかしたら、「面の皮が厚くなる」というのもその一つかもしれません。けれど、これも立派な「防衛本能」だと私は思います。

私はかつて、「机の下にもぐりたい症候群」におそわれたことがあります。誰にも会いたくなくなるあまり、突発的に起こる症状でした。

「今日は『私はいない』ということにしておいて」と言って、デスクの下にもぐりたいとまわりに告白するのです（実際にはもぐりませんでした）。当時を知るスタッフに聞くと、その頃の私はよく「暗幕を買って来て！」と言っていたそうです。暗幕を隠れ蓑にして、とにかく現実の世界から隠れたかったのでしょうね（笑）

今になってその理由を考えてみると、当時の実際の自分と「経営者」として虚勢を張らなければいけない自分とのギャップに疲れてしまったところにあるように思います。

本当は気弱なのに、銀行や取引先に対しては強気で臨まないといけない。「事業がうまくいかないかもしれないけれど……」など弱気な本音を言ってしまったら、お金も貸してもらえない。もしお金を貸してもらえなければ、来月の資金繰りに困ってしまう。すると商品の買い付けもできないから利益を上げることもできないし、会社が回らない……。まさに無限ループです。

次から次へと悪い想像が頭をよぎるけれど、そういった不安などはおくびにも出さず、あたかも事業がうまくいっているかのように強気にふるまっていたのです。けれど、実際には、経営者としての自分が発したそれらの言動一つひとつが、実際の私に重くのしかかっていたのです。その重圧に耐えられなくなると、誰とも顔を会わせたくなくなり、発作的に机の下にもぐりたくなったのでした。

でも、そのような経験を数多く重ねるうちに、少しずつ打たれ強くなり、ちょっとやそっとのことではへこたれなくなりました。机の下にもぐりたいと思う回数も減ってきたように思います。

経営者としてのハードルを数多く乗り越えていくうちに、防衛本能を体得し、鍛えられていったのでしょう。考えてみると、これはスポーツと同じですね。たとえば、50メートル走であれば何度も何度も繰り返し練習することで、徐々にタイムを縮めていくでしょう。それと同じことです。精神面を鍛えるためにもトレーニングが必要なのだと思います。

それが「考えすぎない訓練」です。回数をこなすうちに、人間はだんだんと賢くなってくるものです。心にガラスの破片がグサグサと突き刺さるような出来事も、「考えすぎない」という能力を身に着けることで、心に破片が刺さる前に食い止めることができるのです。

心を鍛えるために必要なことはまず、新しいこと、苦手だなと思うこと、自分にできるかどうかわからないとちょっと不安に思うことなどに積極的にチャレンジすることです。

もちろん、最初は失敗の連続でしょう。でも、失敗という経験を重ねるうちに、徐々に耐性がつきはじめ、やがて免疫力が高められていきます。そうなってくると、ちょっとのトラブルや想定外のこと、緊張を伴うことによって、心が折れたり落ち込んだりしにくくなるのです。

考えすぎない能力は、生きていくうえで大切な防衛本能と言えるでしょう。

WAY OF THINKING 4
時には思いっきり泣いてみる

つらくて、泣きたくて……。その感情を我慢していると、だんだんとのどの奥のあたりがツーンと痛くなってきます。そのようなときには我慢せずに思いっきり泣いてみると、意外とスッキリするものです。

以前、仕事が立て込み、周囲からもあれこれ言われて、気持ちがいっぱいいっぱいになっていた時期がありました。毎日つらくてつらくて、今にも涙腺が決壊しそうな状態がずっと続いたのです。そんなある日、取引先の接待が終わって山手線に乗り込んだときのことです。宴席から解放され、あとはもう新幹線に乗って高崎へ帰るだけ。でも相変わらず気持ちはふさいだままでした。

次の駅からある男性が乗ってきました。その方は送別会かなにかがあったのでしょうか。花束を抱えていました。私はドアの近くに立ちながら、その花を見るともなしにながめていました。

上野駅に到着したので、私は電車を降り、新幹線の乗り換え通路を歩いていました。すると、先ほどの男性が突然横にきて、「これ、受け取ってください」と私に花束を差し出すと、サッと立ち去っていったのです。

その瞬間、予想だにしなかったことに、私の目からは大粒の涙がこぼれ、そこからは滝のようにあふれ出してきたのです。新幹線の車内では、高崎駅で降りるまでの1時間、ずっと泣きっぱなし。3人掛けの真ん中の席に座りましたが、間違いなく両端の人は私の扱いに困っていたはず。

見て見ぬふりをしてくれていましたが、花束を抱えていたので、おそらく送別会帰りで感極まっているとでも思ったのではないでしょうか。持っていたハンカチは絞れるくらいにびちょびちょになりました。高崎駅にたどり着いたときにはさすがにのどが渇いて、水を一気に飲み干したほど。

すると、翌朝は寝覚めも良く、気持ちがすーっと軽くなり、なんだかスッキリ。泣くのを我慢してずっとつらかったのどの痛みもすっかり解消していました。ときには大泣きすることも大切だな、と実感した出来事でした。

ずっと我慢しているのは、心にも身体にもよくないですね。つらいことを溜め込まずに、タイミングを見計らって涙とともに流してしまうのはとても有効な方法だと思います。つらい状況を思い出して、自分のために泣いてみるのもいいでしょう。ほかには、悲しい映画やドラマを観て、その力を借りて強制的に涙を流してみても効果があると思います。

「感情のデトックス」に、涙は不可欠の要素です。

WAY OF THINKING 5
周囲に「シールド」を張りめぐらして

日本でも働く女性は増えています。総務省が発表した「就業構造基本調査（2017年）」によると、日本で25歳～39歳の女性のうち、働く人の割合は75・7％で過去最高を記録したそうです。

これまでは、この年代の日本人女性は、結婚や子育てを機に仕事から離れることが多かったようです。女性の働く割合を年代別にグラフで表わすと、その年代だけ数値が極端に低いため、アルファベットの「M」に近い形になっていました。その部分だけ極端なまでに落ち込んでいるというわけです。

ところが、最近はこのM字グラフが解消されつつあるそうです。北欧ほどまではいかないかもしれませんが、女性の意識もずいぶん変わり、社会進出も進んできている、と言えそうですね。

ただ、北欧と日本では、社会制度のほかに大きく異なる点があります。それは周囲の人たちの「意識」です。

北欧では、昔から女性は当然のごとく働いてきましたから、娘世代が働くことには何の違和感も抵抗もありません。ところが、日本の場合には、自分のお母さんや義理のお母さんは専業主婦、という方もけっこういらっしゃるのではないでしょうか。

年配のお父さんお母さん世代の間では、いまだに「仕事は男、家は女が守るもの」「家事や子育てこそが女性の仕事」という考えが根強くあります。それが「常識」ですから、自分の娘やお嫁さんにも「女性はこうあるべき」を強いることも多いでしょう。そういう声を聞くたびにプレッシャーやストレスを覚えるアラサー、アラフォー世代の方も多いでしょう。

では、そのようなストレスにさらされたときにはどうすればいいでしょう?

そんな時は自分の周りに「シールド」を張りめぐらしてみましょう。

それは「うまく聞き流す」とも言い換えることができるかもしれません。「この人の話はきちんと心にとめておこう」とか「この人の話は話半分で流してもいいかな」など、耳を傾けるべき人の優先順位をつくっておき、それ以外の人からの声は「そういう意見もあるな」「これは軽く聞き流せばいいことなのだ」というくらいにとどめ、あまり深刻に受け止めすぎないようにしましょう。そうすると、不思議と何を言われたとしてもそんなにつらくありません。

もちろん、年長者からの意見の中には重要なこともたくさんあるでしょう。けれど、それらを全部鵜呑みにしていては、心にも身体にもよくありません。

言われたことはいったん受け止めたあと、それが自分にとって本当に必要なことか、そうでないかを精査することが必要になってくるのです。

私は、ほかの国々に暮らす人たちを数多く見てきていますが、日本人ほどストレスの多い社会に生きている人種はいないように思います。

日本人は世界的に見てもすごく「いい国民」ですよね。勤勉で優しく、きちんとルールを守り……。でも、「いい国民」であり続ける、ということはそれだけストレスも多くなるし、自分を押し殺さなければいけない場面も多いということでもあります。

それがいき過ぎると、最後には自分がつぶれてしまう可能性もあるでしょう。そうならないためにも、ときにはシールドを張り巡らせて、周囲が伝えてくる情報から自分自身を守ってあげましょう。

繰り返しになりますが、一番大切なのはほかならぬあなた自身です。ですから、自分自身をしっかりと守ってあげるのです。

WAY OF THINKING 6
「やらなければいけない」などほとんどない

日本には、「こうあるべき」「こうでなければいけない」という決まり事やルールがとても多いです。

たとえば、マナーの面においては上座や下座の風習がその代表。上座は偉い人、下座は役職の低い人が座るところ、と明確に決められています。もちろん、そういった秩序のようなものが必要な場はありますが、ときにはもう少し肩の力を抜いてフラットに考えてもいいのではないかな、と思えることもあります。

たとえば、職場でｆｉｋａをする場合、当たり前ですが北欧では座る位置などはあまり気にしません。おのおのが座りたい場所に座ります。ときには、上司がいわゆる下座に座ることもあるでしょう。でも、誰もとがめたりはしません。それより大切なのは、みんなが一緒になっておしゃべりを楽しむことだからです。

ところで、日本では「ルール」だとかたく信じてられていることが、世界に目を向けてみると必ずしもそうではないこともあります。私が学生の頃、日本では「学校ではガムを噛んではいけない」と教わってきました。もしガムを噛みながら授業を受けたりしたら、たちまち先生に怒られたでしょう。

ところが、その後海外に留学したときのことです。学校で、生徒がみな授業中にチューインガムを噛んでいたのです。当時、アメリカやカナダでは「学校でガムを噛みましょう」という動きがありました。ガムを噛むと脳の動きが活性化するから、というのがその理由です。

これにより、小学生から大学生まで、ガムを噛みながら授業を受けるようになったのです。もちろん先生はそのことについて文句を言いません。それで脳がよく働いて、いい意見がたくさん出てきたほうがよっぽどいい、という考えがあったのでしょう。このとき、私の中にあった「授業中にガムを噛んではいけない」という常識があっさりくつがえされました。

今でも、私は脳の活性化のためにガムを噛んでいます。さすがに会議中などでは、舌の下に隠して見えないようにしていますが（笑）

このように、自分でルールや常識だと信じていることが、別の国や地域ではそうではない場合が往々にしてあります。自分の常識は必ずしも他人の常識とは限らないのです。ですから、考え方にもっと幅を持ってもいいのではないでしょうか。それはつまり、自分と異なる考えをむやみに批判しない、ということにつながっていきます。

最近は、インターネットなどで誰かがちょっと発言するとすぐに炎上したりしますね。そのような状況を目にするたびに、「なんだか許容範囲が狭い社会になってしまったなあ」

と思うばかり。

いろいろな考え方があるのが人間です。そして人はそれぞれ違う生き物なのです。自分の枠から少しでもはみ出したことに対して、「それは違う！　間違っている！」と目くじらを立てるのではなく、「そういう考え方もあるんだな」と軽く思うくらいでいいのではないでしょうか。

「ねばならない」「べきである」にがんじがらめになっているとしたら、ぜひともそこから解き放たれてほしいな、と私は思います。

第4章

【北欧式】心地よい毎日を過ごすための9つのキーワード

楽しく生きるためのマインドセットを行いながら、
それに加えてさまざまなツールを使用する。

それこそが、北欧式〝心地よい毎日を過ごすための工夫〟。

コーヒーやワインといったドリンクから、
花を生けることや窓を開けるといった行為、
携帯電話を使わない時間や睡眠といった
時間にまつわる意識まで。

北欧の人たちの美学を私なりに咀嚼し、
キーワードにして皆さんにご紹介します。

きっと、すぐに取り入れてみたくなるはず。

KEY WORD 1 TEA TIME
北欧のステキなティータイム

お茶というと、やはりイギリスが有名ですね。キレイな花柄のカップ&ソーサーに、3段重ねのデザートプレートに盛られたサンドイッチやスコーン、デザートで優雅にアフタヌーンティというイメージでしょうか。これに憧れる女性も多いと思います。

もちろん北欧でもｆｉｋａがあることから、ティータイムはかなりポピュラーです。ただし、イギリスよりもっとずっとシンプル。「余分なものをあまり持たない」というモットーからか、カップ&ソーサーを使う代わりにマグカップという場合もけっこうあります。

また、紅茶よりもコーヒーをよく飲みます。実際、ひとり当たりのコーヒー消費量は、北欧諸国は世界有数なのをご存じですか？　あるコーヒーメーカーの調査によれば、2位がフィンランド、3位がデンマーク、4位にノルウェー、6位にスウェーデンという結果が出ています。世界トップ10の半数近くが北欧ということに。ちなみに、1位はオーストリア。日本は29位だそうです。

北欧には独自のコーヒー文化が根づいているようで、アメリカ資本のスターバックスコーヒーがデンマークにオープンしたのは、意外に遅くて実はここ数年のこと。それくらい、街のどこでも飲みやすいコーヒー、強すぎないけれど味のいいコーヒーが飲めます。会社にも、もちろんコーヒーマシンが設置されているところが多いです。サイフォン式の大きなポットで一気にコーヒーをつくるものではなく、1杯ずついれるタイプのものがメイン。

最近、ヨーロッパの見本市などでよく見かけるのは、「布」で濾すタイプのコーヒーです。ワイヤーのところに布が付いていて、そこにコーヒーの粉を入れ、お湯を注ぎます（布は毎回洗って使います）。「新しいコーヒー」として啓蒙しているようです。試しに飲んでみましたが、非常に濃くて、私は飲み切ることができませんでした。

「ｆｉｋａ」の際に一緒に供されるお菓子で有名なのがシナモンロールです。スウェーデンはシナモンロール発祥の地であり、もともとは第一次世界大戦後に小麦粉や砂糖が手に入りやすくなったことを受け、パン職人が発案したといわれています。

現地では「カネルブッレ」と呼ばれます。「カネル」はシナモン、「ブッレ」は「甘いパン」の意味。スーパーやパン屋さんなどでも数多く売られています。

ただし、日本でよく売られているものとは少し趣が異なります。日本で見かけるのは、アメリカでよくあるような、渦巻き状で上に甘いアイシングがかかっているもの。スウェーデンのシナモンロールは、少し固めで甘みがかなり抑えられています。生地の中に香辛料のカルダモンが練り込まれていて、シナモンもけっこうきいています。上からカリカリのパールシュガーがかかっていることもあります。形状もさまざまで、〝ストックホルム巻き〟と呼ばれるねじれ型は、その中でもポピュラーです。

ちなみに、スウェーデンでは10月4日が「シナモンロールの日」とされています。それだけシナモンロールが人々の生活になじみのあるものなのですね。

このように北欧の人たちは、コーヒーとお菓子でｆｉｋａを行い、気軽なおしゃべりを楽しんでいます。

KEY WORD 2 HOT WINE
ホットワインでホッと一息幸せ気分

ホットワインは、日本で言うところの「甘酒」のような存在と言えるでしょう。甘酒はいつも飲むものではないですよね。でも、たとえば寒い日などにふと思い出して、恋しくなる。欧米の人たちにホットワインはそんな存在です。ドイツのクリスマスマーケットを訪れると、必ずと言っていいほど売られています。

グラスの中にシナモンや、八角、クローブなど、たくさんの種類のスパイスと氷砂糖などが入っていて、それに温かいワインがなみなみと注がれます。正直言って、私にはちょっと甘すぎて、2ミリも飲んだらギブアップ（笑）。でも、この味に慣れたら好きになるのかもしれません。スパイスの効果も相まって、飲むうちにだんだんと身体がポカポカしてきます。会社での特別なイベント、クリスマスやとても寒い日などに飲むことが多いです。

ホームパーティーなどでは、キャスターアイロンのヒーターの上に大きなお鍋を置き、その中に赤ワインを3本ほど注ぎ入れます。そこに、シナモンのスティックを挿した小さなリンゴを3つほど入れて煮込んでいくのです。鍋の中のワインが温まるにつれて、リンゴとシナモンとアルコールの香りが部屋中にたち込め、なんともいえないホンワカとした気持ちに包まれるんですよ。

そして、お客様が来るたびに、その鍋から直接グラスに注いでワインをお渡しします。お客様は寒い外から家に入ると、まずその温かい空気を感じ、次にホットワインで身体の芯から温まることができます。そして、ものすごく歓迎されているような心持ちになるのです。

ほっこりとした温かい気持ちに浸りたいなら、寒い冬の季節にはぜひ一度試してみていただきたいドリンクです。

KEY WORD 3 FLOWER 毎日の生活にもっとフラワーを

欧米では、どのお家に行っても切り花が飾られています。「花を飾ること」や「生活の中に花があること」が日本よりも身近な存在になっているのかもしれません。なにより日本に比べて花の値段が安いんです。だからこそ、気軽に求めることができるのでしょう。

ヨーロッパやアフリカの花は、オランダの花市場に集められ、そこで競りにかけられます。日本にやってくる輸入花は、その中で一番質のいい、いわば「特級品」です。それが航空便で届けられるのです。日本の花、とりわけ輸入花が高いのは、質のいいものが飛行機を使って送られてくるからでしょう。

かつて、ヨーロッパの人にこう言われたことがあります。

「いい花はすべて日本に持っていかれてしまうので、こちら（ヨーロッパ）にあるものは二等級か三等級だよ」

たしかに、欧米の花屋さんで見かける花の大きさはまちまち、長さはバラバラであることが多いです。けれど、それらがものすごく安値で売られているのです。

無造作に束ねられたチューリップが３ユーロ（約３８０円）ほど。そういった花たちが、街のいたるところで手に入ります。１本１本の形はそれほど整っていないかもしれませんが、たくさんの花が花瓶にバサッと入っているだけでも、ちょっとした絵になりますよね。

花が安く手に入ることのほかに、北欧の人たちが花を愛でるのにはもう一つの理由があります。それは、冬が長いことに関係します。

北欧の冬は長く、そして厳しいものです。外を出歩いて自然を堪能することもままなりません。そこで、家の中で花を育てるのです。北欧でポピュラーなのが「球根の寄せ植え」です。大き目のポットに自分の好きな球根をいくつも詰めて並べます。日本では球根を単体で育てることはあるかもしれませんが、寄せ植えはあまりしないのではないでしょうか。なかでも、ヒヤシンスは花の香りを楽しむこともできますが、春に芽吹くときが美しくて、私はとても好きです。

植える容器には特にこだわる必要はありません。自分で気に入ったものであれば、なんだって植木鉢に変身させればいいのです。ガラスの器、それからサラダボウルのようなものに土を敷き、球根を入れると、根を張り緑が出てくる様子をつぶさに見ることができてとてもきれいなので、おすすめです。

このように、北欧の人たちは、ちょっとしたものをうまくアレンジする天才かもしれません。北欧の街並みを歩いていると、「植木鉢などわざわざ買う必要はないのだ」ということに気づかされます。

ある人は、牡蠣などの大きな貝殻に土を入れて、そこに球根を入れていました。またあるお家では、「流木」を上手に利用していました。木のくぼみに牡蠣やムール貝の殻を置き、そこに土を敷いて球根を入れていたのです。それがとてもステキでした。

ほかには、白樺の木を利用してつくったプランターなどもありました。自然の中に自然のものを入れるという発想。とてもいいですよね。

自然素材を多く取り入れると、それなりに自分ならではのオリジナリティが出て、キレイにまとまります。このように、街のいたるところに、インテリアの「お手本」が見られるのが北欧の特長です。

私も海外での生活が長いこともあってか、身の回りにお花は欠かすことができません。

先日、新居が完成したこともあり、我が家は引越しをしました。しばらくは段ボールの山に囲まれていたのですが、ダイニングテーブルの上だけはかろうじてスペースが空いていたので、机の上にお花を活けています。これだけでも段ボールだらけの風景の中に少し華やぎが生まれ、心が和む気がするから不思議です。

友達にこのような話をしたところ、「え、まだ部屋が片づいてもいないのに、お花を飾るなんて、偉いですね〜」と驚かれます。どうやら日本では、お花は「気持ちに余裕ができてから飾るもの」という認識があるのかもしれません。けれど、本当はそれほど構える必要はない、と私は思います。殺伐としたこの状況だからこそあえて花を飾るのです。花瓶がなければ、空き瓶でもペットボトルでも生けてあげればいいのです。

これはお花に限ったことではないかもしれません。

すべてにおいて、構えない。まずはできるところからやればいいだけです。気合を入れると、自然と「きちんとしなければ」と肩に余計な力が入ります。そして、ハードルが上

がってめんどくさくなるだけです。

まずは花が与えてくれる心地よさを実感するところからはじめてみませんか。

KEY WORD 4 SLEEP
よい眠りのために私がやっていること

皆さんは、なかなか眠りにつけないとき、どうしていますか？　羊の数を数える？　ホットミルクを飲む？

私のおすすめは、目を閉じて、頭の中でキレイな景色を思い浮かべてみることです。

これまでに行ったことのある場所の中で、「ああ、キレイな風景だな」と心から感動した記憶は、誰にも一つや二つはあるはずです。

その記憶を頭の中から引っ張り出し、詳細に思い返してみるのです。それは雄大な草原、海辺と寄せては返す波、川のせせらぎ、神秘的な山の頂、美しい夕焼け、暗闇に差し込む夜明けの光……。日本国内かもしれないし、海外の秘境かもしれません。そういった景色の記憶をまずはよみがえらせてみましょう。

それができたら、次はそのときの「感覚」を思い起こしてみます。たとえば、「風がとても冷たかった」とか「海の水がすごく気持ちよかった」とかでもいいでしょう。耳にした音、肌に触れた感覚、感じたにおいなど、五感で感じたことを思い出し、追体験してみるのです。

これは、特にその日に何かイヤなことがあった場合に効果てきめんです。モヤモヤした思いを抱えたまま眠りにつこうとしても、頭の中で「ああ、今日はこんなにつらい思いをしたなあ」「明日もあんなことがあるのだろうな」「さらに悪いことが起こって、こうなったらどうしよう、ああなったらどうしよう?」などとグルグルと考え、なかなか眠ることができません。

意識が落ちても、たいていの場合は眠りが浅く、途中で目が覚めたり、悪い夢にうなされたりがちです。そんな経験は誰しもが持っているものだと思います。

ところが、キレイな景色を思い浮かべながら眠りにつくと、翌朝の目覚めはスッキリ。寝起きの清々しさがまったく違います。気になる物事を美しい想い出にすり替えることでいい眠りを得ることができるのだと感じています。

ちなみに、私が思い浮かべる景色はカナダのとある麦畑です。

当時、日本製のコピー機を売る仕事をしていた私は、2カ月に1度、カナダのある集落を訪ねていました。そこに向かう途中に広い麦畑がありました。周囲には建物が一軒もなく、見渡す限り麦畑が広がっていました。

商談が終わってそこから帰るのは、たいていが夕暮れ時。トワイライトの時間帯です。落ちかけた夕陽が麦畑を照らしています。風にそよいだ麦の穂はまるで海の波のようでした。その圧倒的な情景や麦の香りは何十年も経った今でも色褪せることなく、私の脳裏に焼き付いています。

春は麦が緑に、秋は金色に。行くたびに、色味が異なり、その装いが変化します。それはどれもすばらしい眺めでした。

イヤなことがあってモヤモヤしたり、なかなか眠りにつけなかったりするときには、意識してこの麦畑を思い出すようにしています。そして、そのときに抱いた感覚に浸るのです。すると、本当は匂うはずがない麦の香りがなぜか漂ってくる気がして、大きく深呼吸したくなってきます。

きっとキレイな景色が心の中に抱いた負の感情を取り去ってくれるのでしょう。

あなたのおすすめの景色はどこですか？　寝る前にぜひその様相とその感覚を思い出してみてください。

KEY WORD 5 FRESH AIR
春先や秋は窓を少し開けて

びっくりするかもしれませんが、北欧の人たちは寒いときでも窓を少し開けて寝る習慣があります。暖房の性能がものすごくいいということもありますが、朝起きたときにそこからほんの少し入ってくる空気が実に気持ちいいのです。真冬はさすがにできませんが、春や秋などは積極的に窓を開けている家庭が多いです。

実際やってみると、その心地よさがよくわかります。

朝、さわやかな風の匂いが鼻をくすぐり、次にカーテンがそよそよと揺れる音が耳に心地よく届きます。カーテンの隙間から差し込む朝陽がなんとも清々しい気持ちにさせてくれます。こうした何気ないことの積み重ねに、しみじみと幸せを感じることができるのです。

そして、実はこういう暮らしこそ豊かと言えるのだ、ということに気づかされます。夜に窓を開けて寝るのは防犯面で難しいという方もいらっしゃるかもしれませんが、その場合には、朝に目が覚めたらすぐ窓を2〜3㎝開けてみて、空気を感じてみてください。

ところで、北欧の人たちは外気にあたることが大好きです。晴れた日には外に出て日光浴を楽しみますし、子どもにもできるだけ外の空気に触れさせようとします。

冬になると面白い光景が見られます。カフェの店先に、赤ちゃんが眠るベビーカーがずらりと並ぶのです。赤ちゃんは暖かいダウンコートにすっぽりと覆われ、顔だけ出して気持ちよさそうに寝ています。お母さんたちはそれを見ながら屋内でお茶を飲んでいます。

日本では、すぐに「寒いから温かい場所に入りなさい」と言いますが、北欧では「暖かくして外の空気にあたりなさい」です。暖かい衣類を身にまとっていれば冷たい空気を吸っても大丈夫、というわけです。

子供が熱を出したときには窓際に寝かして窓を2~3㎝あけておいて冷気にあてておけば熱が下がるだろう、と考えられています。日本ではちょっと考えられないかもしれませんね。

北欧特有の気候と空気は、人々の気持ちを支えています。

KEY WORD 6 CELLUAR PHONE
携帯電話を持ち歩かない時間を設ける

北欧の人たち、というよりもヨーロッパの人たちは全般的にお休みをきっちりと取ります。北欧の方が、夏が短いので夏季休暇を取る時期も早めです。デンマークでは7月が夏休みになり、イタリアなどでは少し遅れて8月ごろが多いようです。

そして、休暇中にメールを送ると、「○月○日から○月○日までの2週間不在にします。返信は○月○日以降になります」という内容の自動返信メールが届きます。

日本人の場合、たとえ休暇中であっても、会社からの電話には出るし、メールもちょくちょくチェックして返信することが多いでしょう。けれど、北欧の人たちの場合には、「仕事は仕事、プライベートはプライベート」と明確に線引きしています。ですから、休暇中は完全に「オフ」です。たとえ会社からの電話が鳴ろうとも絶対に取りません。

会社経営者や海外事業部の責任者など、かなり立場が上の人の場合は、若干異なります。「スキーで山に行っているけど、明日の何時から何時までなら電話がつながります」というような連絡をくれますが、そういう方はかなりの仕事人間であり、少数派です。

ほとんどの方は、「2週間後に連絡します」という自動返信メールがきたら、それで終わり。たとえ、どんなに緊急事態であろうとも、2週間後を待つしかありません。なぜなら、「それは会社の仕事であって、自分の生活とは関係ない」という確固たる考えを持っているからです。そこまでしっかりと割り切れると気持ち的にも楽ですよね。頭のどこかで会社のことを考えていては、せっかくの休みも思いっきり楽しめないでしょう。休むときにはしっかりと全力で休みを楽しむ、ということもときには大切なことではないでしょうか。

携帯電話の普及により、今では24時間365日いつでもどこでも連絡が取れるようになりました。便利な時代となったとも言えるでしょう。けれど、逆にいつでも連絡が取れるからこそ、オンとオフの切り替えが難しくなっているというマイナスの側面もあります。そこで、たまには携帯をあえて持ち歩かない時間を持ってみましょう。もしくは、山や地下など、携帯が圏外になるような場所にあえて出かけて行くのもいいでしょう。強制的に携帯を使えない状態にしてしまうのです。

北欧では、最近若者の間でもパーティーの際にカゴを用意して、「みんなこの中に携帯を入れてね」と回収します。そして、どんなに携帯が鳴っていても出ないというルールを決めます。要は、今一緒にいる人たちとのリアルな時間を100%楽しむべきという考えです。

そのくらいの強硬手段を取らないと、なかなかひとりでは思いきってできないことも多いのではないでしょうか。もしくは、たまの休日に携帯を完全にオフにするだけでもかなり違います。

いったん仕事のことを忘れて、気持ちを入れ替えるのは非常に大事です。リフレッシュすることで、また新たにやる気が生まれたり、新しいアイディアが出てきたりすることもあるでしょう。

あえて文明の利器から遠ざかってみることもときには必要です。

KEY WORD 7 NATURE SOUND
ウインドチャイムの音色で心を癒そう

皆さんは「ウインドチャイム」ってご存じですか?

打楽器の一種で、長さの違う真鍮製のパイプがたくさん吊り下げられた楽器です。バーチャイムとも呼ばれています。使い方は、玄関や窓辺や庭先などに吊るしておくだけ。風が吹き抜けるとパイプが揺れてぶつかり合い、キラキラっとした音を奏でます。いろいろな音色がする風鈴のようなイメージでしょうか。玄関に取り付けるだけでいいのでとても簡単です。

自然の音には、人を癒す効果がありますよね。それはラジオやテレビから流れる音や車や飛行機の騒音など、人工的につくられた音とは大きく異なり、心に深く染み入ってきます。きっと心地よい周波数で、私たちの魂にそっと触れてくれるのでしょう。耳を澄ませているだけで、脳がリラックスしていくことを感じています。

さらにウインドチャイムはその美しい音色以外にも人気の理由があり、音とともに運気が舞い込んでくるということから、近年は風水的な側面で取り入れる方が増えているのだとか。

私の会社で仕入れた商品の一つに、鳥小屋の形をしたチャイムがあります。こちらは風のそよぎで音を奏でるタイプではなく、電池式のもの。玄関先に置いておくのは同じなのですが、人が通るたびにセンサーが感知して、鳥のさえずりが聞こえる、というものです。

田舎暮らしを選択しない限り、家で耳を澄ませてもなかなか自然の音を拾うことが難しくなっています。そうであるならば、こういったチャイムを上手く有効活用しながら、自然が奏でる音を取り入れるのもいいでしょう。

ふいに聞こえてくる美しい音色は、仕事などでささくれ立った心をやさしく解きほぐしてくれるでしょう。

KEY WORD 8 TRADITIONAL
伝統を重視しながら、トレンドを取り入れる

「新しいものを取り入れる」というと、ともすると伝統を無視したり、ときにはすべてを捨てたりして、ゼロからつくり出すようなイメージがあるかもしれません。けれど、たいていのものは、伝統を生かしながらそこに新たなスパイスをひとさじ加えて、進化していると言えるでしょう。

まるまる新しくできたものには、残念ながら深みがありません。おそらく歴史が製品に味や深みを増すのでしょう。

たとえば、見た目には伝統的なデザインのお椀でも、最近のものは食洗器で洗えたり、電子レンジ対応可だったりします。これは、日本的の伝統的なよさと現代のテクノロジーが上手い具合に融合されて生まれた商品と言えるでしょう。

2008年に設立された「Born In Sweden」というスウェーデンのデザインブランドの"Sphere Vare"という花器があります。ガラスの花瓶の中にメタルの球体が入っているのですが、この球体が日本の「剣山」代わりになっていて、どのように花を挿してもそれなりにニュアンスのある感じに仕上がります。一輪の花でもさまになりますし、花器を置いておくだけでも非常にスタイリッシュでかっこよく見えます。

もともと、優れた機能に加え、思わず笑みがこぼれてしまうようなひとひねりするアイディアが特長のブランドでしたが、これなども日本伝統の華道に使われる「剣山」が、新しい形に生まれ変わったいい例と言えるでしょう。

余談ですが、剣山と言えばオランダに行ったとき、花器に瞬間接着剤で剣山が貼り付けられているのを目にしてびっくりしました。剣山も今や海を越えて活躍しているのですね。そして、お花を上手に生けるのはどこの国でも難しいことのようで、いろいろな工夫がなされていることがわかりました。これは日本での話ですが、花瓶の口にセロハンテープを十字に貼ってからお花を生けているという人もいました。

剣山だけでなく、日本伝統のものが多数海外で使われています。たとえば、茶道でお抹茶を立てる際に使用する「茶筅」。なんと、これを使ってココアを泡立てたりしているのです。日本人ではなかなか思いつかない斬新な使用法ですよね。

さらに言えば、抹茶は今では世界中で「スーパーフード」として注目を浴びていますし、味噌やしょうゆ、納豆などの発酵食品も「ジャパニーズ・スーパーフード」として人気で、多くのお店で売られています。日本の伝統食品が、海外では最新のトレンド食品として取り入れられているようです。

昔の着物をリノベーションして、新たにドレスとして生まれ変わらせる、という方もいらっしゃいます。私も以前、おばあちゃんが残してくれた茶箱の中にあった着物を利用して、娘とおそろいのワンピースをつくりました。洋服に和のテイストが加わって、なかなか味があるものに仕上がりました。

冬に着る「半纏」の前身頃の部分にジッパーを取りつけて、絞りを入れるとちょっと遊び心を取り入れたおしゃれなファッションになります。

このように、昔からあるものも、角度を変え、ひとひねり加えるだけで、「古臭い」から「今風」に変身します。自分の感性で、伝統を尊重しながら自由にアップデートしていく。これって楽しいことだと思いませんか？

KEY WORD 9 CONVERSATION
ムダ話、おおいにしましょう

先日、家の近所のファミレスに行ったときのことです。お父さんとお母さんと息子の3

人連れが店に入ってきて、近くのボックス席に座りました。私の目線の先にあったので、見るともなしに彼らの様子を眺めていたのですが、そこには会話が何一つありませんでした。

お父さんは黙々と新聞を読み、お母さんは雑誌をながめ、息子はスマホをずっといじっている。言葉が聞こえてきたのは、たったの2回だけ。メニューを見ながら「何にする?」と言った時と、食事が終わったあとの「帰る?」というセリフだけでした。「いただきます」もなければ、「おいしいね」の一言もナシ。関係性のあまりの希薄さに、なんとも言えない気持ちを覚えました。

家庭でもそのように会話のない状態なら、おそらく会社でも学校でも似たようなものでしょう。

聞けば、会社で隣同士や、歩いて行けば話ができる距離にいる人同士でも、LINEなどのツールを使う人がいるそうですね。しかし、文字だけの会話は非常に怖いものがあると私は思います（スタンプで補完されたとしても）。なぜなら相手の顔が見えないからです。どういう意図でその言葉を発したのかわからないことってたくさんありますよね。顔を見ながらであれば、「ああ、今楽しそうだな」とか「ちょっと怒っているな」ということが見て取れますが、メールやＬＩＮＥなどではそれが見えません。

そう考えると、いくらテクノロジーが発展した時代になっても、やはり顔を見て話せる時間を持つことは大切です。

家庭の中でも、他愛のない会話を大切にしてください。今日あったこと、失敗した話、ほめられた話など、話す内容はどんなことでもいいのです。もちろん、オチなどなくてもいいのです。くだらない話、上等じゃないですか。

ムダ話は決してムダなことではありません。人間同士の絆を深めるために、ムダ話はおおいに役立つのです。その点は、ｆｉｋａを見習いましょう。

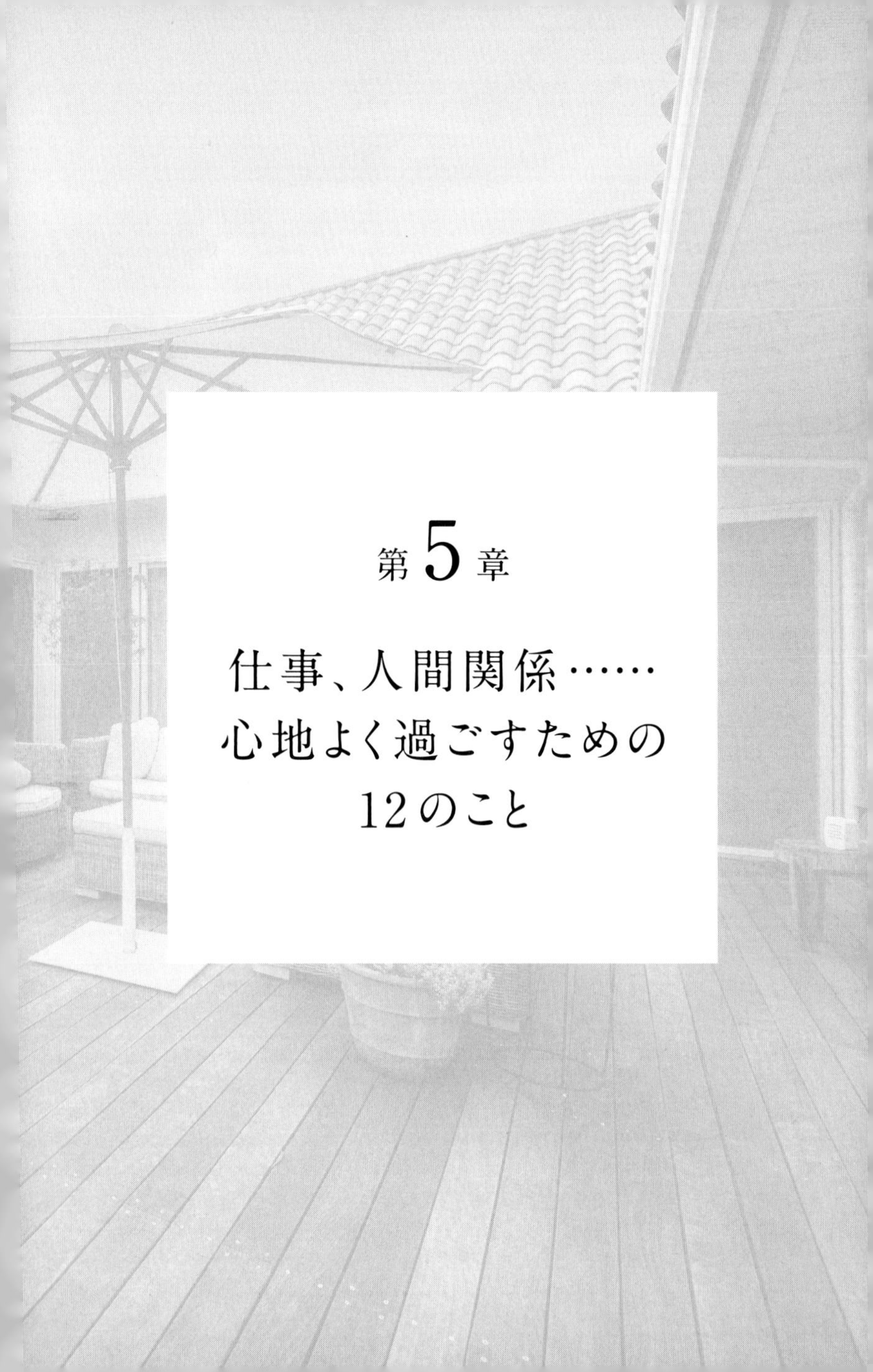

第5章

仕事、人間関係……心地よく過ごすための12のこと

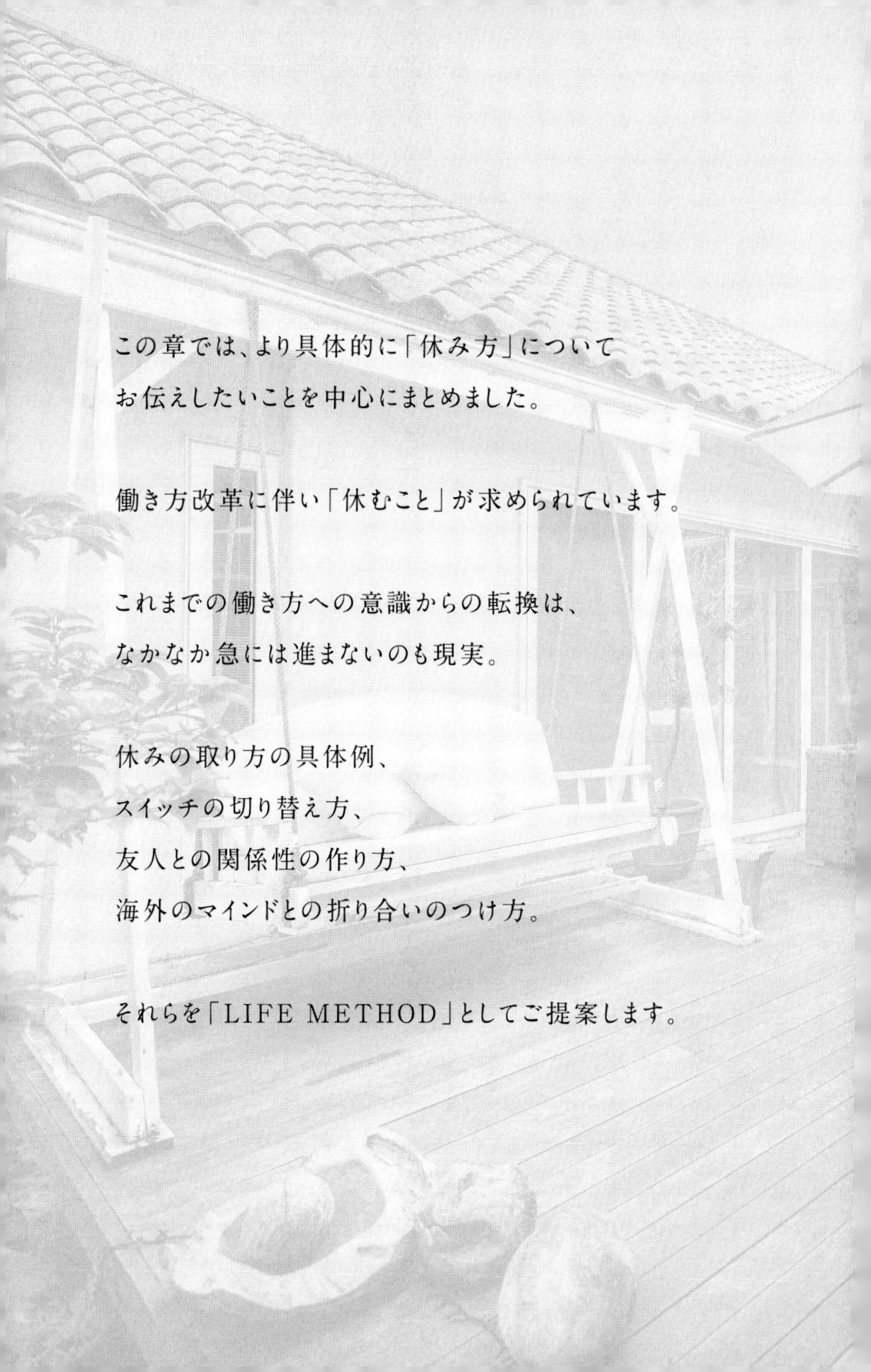

この章では、より具体的に「休み方」について
お伝えしたいことを中心にまとめました。

働き方改革に伴い「休むこと」が求められています。

これまでの働き方への意識からの転換は、
なかなか急には進まないのも現実。

休みの取り方の具体例、
スイッチの切り替え方、
友人との関係性の作り方、
海外のマインドとの折り合いのつけ方。

それらを「LIFE METHOD」としてご提案します。

LIFE METHOD 1
非日常の世界に逃げ込んでみる

切羽詰まったときにこそ、自分だけの時間をとることは大切です。そして、時には非日常の世界に逃げ込むことも有効な方法の一つと言えるでしょう。

かつての私は、3人の子育てをしながら会社を興しました。妻、母のほか、起業家、経営者、さらには通訳、コンサルタント、講師、コメンテーター、テレビショッピングのゲストと、さまざまな役割を担うことになりました。「1日24時間ではとても足りない！」と嘆く毎日で、自分がいったい何をしているのかわからなくなることもしばしば。いつも眉間にはシワを寄せ、スタッフに厳しく檄を飛ばしていました。

そんな毎日を続けていると、当然ながら体調にも異変が起きました。歯茎が腫れて、何日も引かないのです。ついにはガンを疑われ、大学病院で検査の予約まですることになりました。

きっと、これら一連の切羽詰まった様子が、子供にも伝わっていたのでしょう。ある日、娘がこう言いました。

「お母さん、このままじゃきっとどうかしてしまうよ！　どこか旅にでも出て、少し自分のための時間をつくったら？」

たしかに、これまで国内、海外を飛び回っていましたが、すべて出張。〝自分のため〟に旅をすることは一度もありませんでした。

このままではダメになってしまう……。ギリギリの精神状態だったことにあらためて気づいた私は、子供の言葉に甘えて、大学病院での検体採取予定日の前に急遽旅を計画することにしたのです。

人生初の一人旅は、西表島3泊4日の旅でした。

島では、本でも読んでのんびり過ごす予定でした。ところが、現地に着いてみると、動き回りたい欲求にすっかり駆られ、さっそくツアーに申し込んでしまいました。

ツアー当日は土砂降りの雨。そんななか、まぼろしの滝を目指して、密林の中のマングローブ林に流れる川をカヌーで下り、滝つぼを登ったり、馬に乗ったり……。最後には、原生林に向かって、イリオモテヤマネコもびっくりするくらいの大声で、胸の中にため込んでいたモヤモヤを吐き出すと、なぜだか急に笑いが込み上げてきて、一人でゲラゲラ大笑いしてしまいました。

なにしろ、今までは「ケガや病気をしてみんなに迷惑をかけるといけないから、スキーは危険」「アイススケートもダメ」と、社長としての責任感から自分を縛ってきた私が、自己責任の誓約書にサインをして数々のアクティビティを楽しんでいるのです。

あまりのワイルドさに頭のネジもぶっ飛んでしまったような感じ。ガイドさんは、突然

笑い出した私を見て、かなり引いていましたが（笑）

旅が終わるころには、心も身体もスッキリと軽くなり、「また頑張ろうかな」という気持ちになれました。さらに驚くことに、気づけば歯茎の腫れも引き、眉間のシワもすっかりなくなっていたのです。大学病院に行くと、「これは検体を取るまでもないですね」と担当医に帰宅を促される始末です。

「ワークライフバランス」という言葉がありますが、バランスをとるための一番の特効薬は、「非日常に身を置く」ことかもしれません。

ときには逃避行しましょう。ある方は、つらいことが重なったときに週末「香港弾丸ツアー」に出かけたと言っていました。

非日常から得られるエネルギーは無限大です。

LIFE METHOD 2
休暇を取る期日を先にスケジュールに入れておく

北欧では、国によって差異はありますが、毎年有給休暇をとるよう厳しいルールがあります。デンマークでは、会社からお給料をもらって休むのではなく、国がお金を支給してくれるのです。そして、北欧の人たちにとっては、休みを取るのが「当然すべきこと」という認識です。日本は有給さえとりにくい場合があるのはとても残念です。

私はどんなに忙しいときでも、自分が休暇をとりたい日は先にスケジュールを入れることにしています。それは、自分自身が壊れそうになったときに行った西表島での「効果」があまりにも大きかったからです。

業務に支障が出てしまうかな、と心配しましたが、それはいらぬ心配でした。仕事の予定はだいたい2、3ヶ月先から入りはじめますから、それよりも前に休暇の日程を決めてしまえばいいのです。ブロックしてしまえば、仕事は入りません。あらかじめ休暇のスケジュールを取ることで、これまで「休めない、休みが取れない」と嘆いていたのがウソのように解消され、気持ち的にもとっても楽になりました。こんな単純なことなのに、なぜもっと早く気づかなかったのか。いつも仕事優先にしてきたことを悔やむばかりです。

「先の予定に楽しいことが待っている」と思うと、人間って頑張れるものです。「ニンジン」をぶら下げられた状態ですね。私は休暇にはなるべく自分が行ったことのない場所、やったことのないものに挑戦することを心がけています。先にお話しした非日常の経験です。

ちなみに、先日はアフリカに行きました。日本ではおよそ考えられないことですが、泊まるところにはテレビがありません。もちろん携帯もつながりません。ですから、部屋では窓から外の景色を見るだけ。

でもそこからはライオンが見えたり、キリンが首を伸ばしていたり……。このような毎日を過ごしていたところ、肩が凝っていないことに気づきました。それに目の見え具合もなんだかよくなったような気がします。実際、ここに暮らすガイドさんの視力は6・0もあるのだとか。日本で、肩に力を入れ、細かいものを目にするなど、いかに窮屈に過ごしているかがよくわかりました。

「休暇など取って大丈夫かな？」と思う前に、さっさとスケジュールを押さえてしまいましょう。意外となんとかなるものですし、休んだだけのご利益はあるはずです。

LIFE METHOD 3
「オン」と「オフ」のけじめをつける

私はワーカホリックなので、仕事に熱中してしまうと、食べるのも寝るのも忘れて没頭しがちです。でも、それはやはり心身ともによくないので、いくつかの「儀式」を行ない、オンとオフをしっかり線引きするよう心がけています。

たとえば、家に帰ってきたら必ずワインを飲みます。これがオンからオフへのスイッチの切り替えになります。この1杯がないと、延々とオンモードのまま仕事のことを考え続け、しまいには自宅で仕事を再開しがちです。イスやソファに腰かけて、ワインを一口飲むと、仕事から解き放たれて「今日もよく頑張った！　おつかれさま」という気持ちになり、不思議と心がときほぐれていきます。

そのほか、金曜日の夜には家に帰ったらすぐに花を生けます。これをやると「ああ、週末だなあ」とホッとした気持ちになります。週末モードに突入の合図です。

逆に、オフからオンへのスイッチの切り替えは、朝風呂にあります。朝は6時15分と6時半の2回、アラームをセットします。最初のアラームで起きて這うようにお風呂場に行

き、お湯を張ります。そして、二度目のアラームが鳴る頃に湯船が張れますので、お風呂に浸かります。足元からじわじわと温かくなってきて、だんだんと頭が覚醒してくるのを感じます。この間に、今日やるべきことやスケジュールなどを思い返すようにしています。

最近引っ越した新居には、かねてからほしかった「肩湯」ができる浴槽を取り入れました。首から肩にかけてお湯が流れてくるのですが、肩こりがひどい私にはこれが効果てきめん。

肩湯ができるようになってからは、ますます毎朝のお風呂が楽しみになりました。とは言っても、私はもともと長風呂しない「カラスの行水」派。これが、ほんのちょっと時間が長くなり、「アヒルの行水」くらいになりました（笑）。

お風呂のあとは、「奇跡の木」と言われ90種類もの栄養素が含まれるといわれるモリンガのジュースとサプリメントをとります。これでワンセット。オンのスイッチがしっかり入って、「今日も一日頑張ろう！」という気持ちになります。

このように、なにかオンとオフを切り替えられるスイッチの役目を果たす「儀式」をつくってみるといいでしょう。メリハリをつけることで、無理しすぎずに、仕事も楽しみながら、自分の時間も大切にできるようになるでしょう。

北欧の友達にこの話をした時、不思議がられました。「オン」と「オフ」のけじめなどつけなくても、しっかりと分けられている彼らと、日本人の日本社会における状況には大きな違いがあるからです。

LIFE METHOD 4 100人のネッ友よりたったひとりのリア友

SNS上の友達を一人でも多く得ることを考えたり、「いいね」を増やすことばかり考えている人をよく見かけますね。

でも、それってなんだか本質からそれているなあ、といつも思います。たとえば、レストランやカフェでは、「食べたいもの」ではなく、「インスタ映えする料理」を選ぶのもその一つでしょう。その際には自分の好みや味の良し悪しは二の次になりがちです。

さらに、キレイに撮ろうとがんばるうちに料理が冷めてしまうこともあります。せっかくのお料理が冷めてしまってはもったいない。私が料理人なら、温かいものは温かいうちに食べてほしい、と思ってしまいます。本質からそれているというのはそういう意味です。

「いいね」を多くもらえると安心する。相手からのコメントに一喜一憂する。批判的な意見が来ないよう、記事の内容にも気を遣う。それらはなぜかというと、結局は他人に評価されたい、という思いの強さでしょう。

たしかに、「いいね」を数多くもらえると、承認されたような気分になりちょっといい気分になれるかもしれません。けれど、どんなに「いいね」をたくさんもらったところで、「インフルエンサー」でない限り、あなたを取り巻く環境は何も変わらないこともまた事実です。

では、その「いいね」をくれた人たちは、本当の友達ですか？　あなたが本当に困って救いを求めたとき、すぐに助けにきてくれるでしょうか。

本当に困ったときにあなたの力になってくれるのは、やはりリアルな関係性を築いている人たちです。であれば、自分を助けてくれる人との関係をしっかりと築いていくことのほうが大切だと思います。

何かが起こったとき、あなたのハッピーをつくり出してくれる相手かどうか。誰といるのが心地いいのか？　優先順位に応じて考えましょう。

ネットでの気軽なつき合いもときにはいいですが、今こそ顔と顔を突き合わせた「フェイス・トゥ・フェイス」のつき合いを見直すことが大事ではないでしょうか。

「いいね」をもらうことばかりに気を取られてしまうと、いつの間にかリアルな友達がいなくなってしまいます。すると、少しのことで心が揺らぎ、不安になってしまうのです。

自分を大切にする、という観点から考えると、ネット上の友達が１００人いるよりも、リアルな関係性を持った友達が一人いたほうが幸せは得られます。たとえ、「いいね」の数が少なくても、ネット上で批判めいたコメントを受けたときでも、腹を割って話ができる人がいれば、たいした問題にはならないはずです。

30代、40代の女性は、非常に心が揺れる年代だと思います。

学生時代、たとえば同じ学校に通う同い年の女性はみな「独身」で「○○学校の学生」という同じステージに立っていました。

ところが、20代を経て30代、40代になると、立場がそれぞれ異なってきます。独身でバリバリ働いている人、結婚して専業主婦の人、共働きで子供は持たない人、結婚して子育て真っただ中の人、子育てが一段落した人、結婚していてもうまくいっていない人、離婚を経験した人などなど……。家族構成も違えば、仕事ややっていること、住んでいる場所もまちまちです。

それにともなって、さまざまな悩みも抱えています。結婚はどうするか？　子供は？　仕事は？　など、とにかく考えることが山積み状態。そういう方たちにとって重要なのは、なにより「相談できる相手」のはずなのです。

友達でも、恋人でも、パートナーでも、親、近所のおばさん、学校の先輩……、関係性の相手は誰でもいいのです。いつの時代も、リアルのコミュニケーションが取れる人との関係を決して軽んじてはいけない、と私は思います。

LIFE METHOD 5
何事も「遊び心」は忘れずに

仕事でもなんでも、あまり効率や機能性を重視しすぎると、楽しさがなくなって殺伐としてしまいますよね。どんなときでも、「楽しがる気持ち」というものを持つことは大切です。

たとえば、長時間の会議で行き詰まり、参加者全員の目が「△」の形に吊り上がっているようなとき、私はあえてその空気を壊すようにしています。一例を挙げると、ある人に向かって、「今、『あー、やんなっちゃうなー』と思ってるでしょ?」と、心の中で思っているであろう言葉をあえて代弁するのです。「今、『あー、やんなちゃうなー』と、マンガのようなフキダシがあがってたよ!」と言うと、それだけで笑いが起こって緊迫した空気が破れ、なごやかな雰囲気が戻ってきます。

そのほかにも、厳しい顔をしてパソコンとにらめっこしているスタッフを見つけると、「ほかの人にはナイショだけど、私の席の後ろにおいしいチョコレートがあるから持って行っていいよ」と、こっそりメールを送ることもあります。

かたい空気をぶち破り、楽しい雰囲気をつくり上げることは、代表である私の重要な役目の一つかな、と思うのです。

そう書くと大層なことに聞こえるものですが、やっていることはとても些細なことだったりします。社員と一緒に営業同行などで出かけたときのこと。商談が終わって車に戻る際に、「このあと買い物に行くけど、一緒に行く?」と聞いて荷物持ちをしてもらいます。そして、そのお礼に小さなものを買ってあげます。男女問わず、人はいくつになっても買い物に行って、「買ってあげようか?」というフレーズに弱いようで、最初は「社長と一緒だから」と緊張した様子だったスタッフにも笑顔が見られるようになります。

気分転換になり、共通の話題ができることに加え、「二人しか知らない秘密の出来事」をシェアする楽しさも生まれます。

嫌なことがあったとき、周囲に伝染させるのはよくないですし、誰にとってもメリットなど一つもありません。ですから、不穏な空気が流れたときにはいつも意識的にそれをぶち壊し、場をなごませるようにします。それが私なりの「遊び心」です。

どんなときにも、楽しむ心と楽しませる心を忘れないでください。

LIFE METHOD 6
年齢の異なる友達を持とう

先ほど、リアルな関係性を築ける友達を持ちましょう、というお話しをしましたが、社会人になると、子供の頃のように友達と呼べる人は少なくなっていきます。仕事上の友人、子供がいればママ友、サークルなどに所属していればサークル友達など、自分が所属する社会に応じて知り合いは増えていきますが。

ただ、そのなかでも自分と年齢の違う友達は、とても自分の助けになってくれると私は思います。友達とはいかなくても、何か困ったことがあったときや悩んだときなどに話ができる、相談できる人がいるといいでしょう。

人生を重ねてきた人たちは、何よりも経験値が違います。その時々の自分の悩みに役立つアドバイスや刺激をもらうことが多々あります。

私には、14歳歳上の友達がいます。彼女は元女医さんで、これまでに革新的なことをたくさんやってきた方です。年齢も仕事も住む場所もまったく違いますが、出会ってすぐに意気投合し、今でも交友が続いています。とは言っても、しょっちゅう連絡を取り合っているわけではありません。おいしいものを見つけたときにお互い贈り合ったり、年に1、2回ほど泊まりに行ったり……。その程度です。でも、「何かのときには彼女が付いている」とか「こんなとき、彼女ならどうするかな?」と考えるだけで、大きな後ろ盾を得たような心強い気持ちになれるのです。

最近は核家族化が進み、おじいちゃんおばあちゃんが身近にいるという方も少なくなりました。実家が遠い、という方も数多くいらっしゃるでしょう。そのようなとき、頼れる年の離れた友人、知人は親以上に力強い味方になってくれるはずです。

LIFE METHOD 7
共通の趣味を持つ友達は宝

私には、ダイビングを通じて知り合った仲間たちがいます。彼らは、私が思いもしなかったような気づきを与えてくれることがあります。

一緒にダイビングに行く予定を翌週に控えた土曜日、仕事をしているうちにだんだんと体調が悪くなってきました。ダイビングに行けるか心配になった私は、仲間の一人に電話をして相談を投げかけたのです。すると、「ねえ芳子さん。体調が悪いのになんで休日に仕事なんかしているの？　今日は週末。週末は身体を休める日ですよ！」と一喝されたのです。

それを聞いてハッとしました。なぜなら私はずっと「曜日など関係ない。とにかく予定通りに仕事をこなすことこそが絶対の命題」だと信じて疑わなかったからです。よく言えば、正義感が強いですが、悪く言うと単なる「仕事バカ」です。

彼に「週末は身体を休める日」と言われて、「そうか！　身体を休める日なら何も無理してまで週末に仕事をする必要はないのだ」ということにはたと気づいたのです。そして、なんだかとても気持ちが楽になりました。

別のあるときは、どうしても仕事が終わらず、ダイビングに行けるかどうか微妙な状態になったことがありました。「行けなくなったらドタキャンになってしまって申し訳ないな」と思いながら、おそるおそる仲間に電話をしたところ、こんな言葉が返ってきました。

「芳子さん、ダイビングは楽しむために行くものですよ。仕事が終わればば参加すればいいし、終わらなかったらまた次回行けばいいじゃないですか。もっとリラックスして考えましょうよ。」

その言葉を聞いて、「ああ、そういう考え方もあるんだな〜」と目からうろこが落ちました。行けたら行く。行けなかったらまた次回行く。本当に、ただそれだけのこと。

あまり堅く考えると、自分自身が縛られてしまい苦しくなるだけ。すべての事柄をプレッシャーに変換しなくてもいいのだ。そんなことを気づかせてもらった瞬間でした。

自分の思考回路はなかなか変えることができません。でも、ほかの人からの刺激が入ると、その変更が可能になることがあります。

仕事も異なり、年齢も違うけれど、「同じ趣味がある」という共通点を持っているだけの仲間だからこそ、思わぬアドバイスをもらうことができるので、おすすめです。

LIFE METHOD 8
「古くて新しい」出会いを見直そう

年上の友達、共通の趣味を持つ友達のほかに、私が捨ててはいけないと思ったのが、「学校の同級生」です。

幼児期から多感なティィーンの時期を一緒に過ごした人たちというのは、実はとても貴重です。なんといっても、「素性」がわかっているということが大きいのです。

私は長年カナダに住んでいたため、ずっと同窓会に出席することができませんでした。日本に帰国後、またお知らせをいただいたので、「ずっと参加していなかったし、今さら行ったところで私のことをわかってくれる人など誰もいないだろうな……」と少々不安に思いながら、おそるおそる同窓会に顔を出すことにしました。

ところが、いざ会場に行くとこれがものすごく楽しかった。懐かしの友達といろいろな話ができたのです。面白いもので、昔は意地悪で嫌なやつだった子が数十年を経る間にすっかりいい人になっていたなんてこともありました。違った意味で、新しい出会いがあったのです。しかも、素性を知っている安心感もあります。そう考えると、同窓会は捨ててはいけない大切なネットワークのひとつだということに気づきました。

今は個人情報の壁が非常に厚いので、大人になってからはじまるつき合いもけっこう大変です。相手から提供される「経歴」が本当であるかどうか、実際のところはわからないからです。以前、私の会社にまったく「ウソ」の経歴書を持ってきた方がいました。「なんだかおかしいな」と思いながらも、調べる術がありません。その方は実はアルコール中毒だったのですが、なんとなくお酒臭いと感じたり、持ってきているペットボトルの中身が実はお酒だったということが徐々にわかったりしました。最後には、その方の前の職場に電話したところ、飲酒運転で会社の営業車を2台つぶした過去があることが判明しました。

その点、同級生ならその人の家庭環境はだいたいわかります。たとえ数十年のブランクがあったとしても、同じ時をともに過ごしてきたということもあり、「ゼロ」からの関係を構築する必要はありませんから、気も楽です。

一般的には30代前後あたりから、徐々に同窓会が開催されるようになるのではないでしょうか。そういった催しには、尻込みせず参加してみましょう。思わぬ「古くて新しい」出会いが訪れるはずです。

LIFE METHOD 9
グローバル社会を生き抜く秘訣

日本でも次第に国際化の波が訪れています。いろいろなことがグローバライズされ、日本の生活も欧米からの影響を強く受けるようになりました。

でも、日本人ならではのいいところはたくさんあります。たとえば、譲り合い、思いやり、心中を察する、おもてなし、以心伝心など……。ほかにもいっぱいあるでしょう。
これだけとってても欧米とは異なる感性や感覚も持っています。そういったものは、これからもぜひ大事にしていきたいところです。

とは言っても、今は鎖国時代とは違いますから、どうしても外とのインタラクティブな関係も色濃くなっています。日本人同士のやりとりだけで済めばいいですが、海外の人たちとも対等につき合っていくことも大切です。そのようなときに、どうしたらいいでしょう？

いいものは守りつつ、ある程度は欧米化した考え方を持つ必要があるのかなと私は思います。

それは何かというと、「自分をしっかり持つ」ということではないでしょうか。

今は、生活ばかりが欧米化しているように思います。一方で、考え方がそれについていっていないため、なんとなくアンバランスになっているようにも感じるのです。

たとえば、２０１７年に「プレミアムフライデー」という制度が導入されましたね。「働き方改革」と連携した施策で、毎月末の金曜日には午後3時に仕事を終え、空いた時間に買い物や旅行といった消費を促すというものです。

スタート当時は、それなりに大々的に喧伝されましたが、実際に早く帰れる人はどのくらいいるのでしょう。

いくら欧米の制度を取り入れようとしても、根底に会社を定時に上がることすらやりにくい日本の慣習があっては、うまくいかないこともありますよね。

同じように、北欧の「ヒュッゲ」という考え方が、日本でも話題になっています。「ほっこり」とか家族団らんの温かさのようなものを意味する語です。詳しくは、私の前作『世界一幸せな国、北欧デンマークのシンプルで豊かな暮らし』をご覧ください。

「ヒュッゲ」は、家での時間を大切にする北欧だからこそ生まれた言葉かもしれません。日本的に言うと、「こたつでミカン」こそがヒュッゲではないかな、と私は考えています。一つのこたつに入り、ミカンを食べながら、「今日学校でこんなことがあってね」など、家族で他愛もない話をする。温かい日本の家庭の一幕です。

ところが、最近の日本では、たとえこたつにミカンがあっても、全然ヒュッゲではないようです。一つのこたつに入っていても、それぞれにスマホをいじったり、ゲームに興じたりして、自分の好きなことをしているから、そこに会話は生まれません。

現在、ヒュッゲをコンセプトにしたマンションをつくるというプロジェクトに携わっているのですが、そもそも日本人と北欧の人とでは、「家族の時間」に対する概念が違っているように思います。

「家族の時間というのは、みんなで一つの話題について話し合ったり、(昔ながらの)ゲームを一緒にしたりするなど、同じ時間を共有することですよ」という話をしましたが、それがなかなか伝わりにくいところがあります。

イメージに合わせて北欧家具の会社のインテリアコーディネーターの方が最初に提案してきた図面は、雑誌に載っているような、パーフェクトで、非常にスタイリッシュで、でも温かみはあまり感じないものでした。

「ああ、説明したことがこのような形として理解されたのだなあ」と少し悲しくなったものです。

またあるときには、担当している男性からこんな質問を受けました。

「家に早く帰ったとして、僕はいったい何をすればいいのでしょう？」

会社でさまざまなストレスを抱えて家に帰るのに、家のキッチンなんかにうっかり入ったら、また手伝わされるのではないかという恐怖を覚えているみたいなのです。

別に料理をつくらなくても、気軽にキッチンでお酒を飲みながら奥さんと会話を楽しむのだって十分いいのにな、と思うのですが、どうやら「キッチンで会話を楽しむ」というシーンが想像できないようでした。

「ヒュッゲ」という発想に関心を持ち、そのようなマンションをつくろうと考えている人たちですら、このような考えをお持ちです。いくら国際化とはいっても、外国の文化そのものを受け入れるのはなかなか難しそうです。

ライフスタイルが欧米化しているのですから、考え方もそれに合わせて欧米化を取り入れていくことこそ大切です。

それはどういうことか。先にもお話しした「まずは自分」「自分ファースト」というところです。

それは自分自身がハッピーになるための近道でもありますし、これから国際化社会で生き抜くためにも必要な知恵と言えるでしょう。

LIFE METHOD 10
日本と海外のミックス思考で

私は海外留学と海外勤務経験があり、夫は外国人で、現在は海外を相手に仕事をし……と、この部分だけ書き出すとリベラルな環境で育った結果、非常にグローバルな生活をしているように思えるかもしれません。

けれど、18歳までは「ザ・日本」を地で行くような家庭で育ちました。両親や親戚は全員が学校の先生。そのことから想像していただけるとおり、とても厳格な家庭だったのです。

両親は当然のように、私も学校の先生にさせようとしました。父は江戸時代の士農工商の「士（侍）」みたいな考え方の人で、「商売をやるなんて言語道断！」が口ぐせ。なにせ士農工商で言えば、商人は一番格下にあたるわけですからね。彼からすれば、「何を考えているんだ！」というところでしょう。

まさに、「こうあるべき」の塊のような人で、自分の言うことをちょっとでも聞かないと容赦なく手が出ることもありました。

そのような環境に対して堅苦しさを感じていたこともあり、私は小学校の頃から「18歳になったら海外に行くんだ！」と決めていました。妹にそれを宣言していたくらいです。「家のことはよろしく」と。

とは言っても、気づいてみれば、私の基本的な部分においては、今も非常にコンサバティブな、言ってみれば日本的な考えが通奏低音として流れているのを感じます。そこに、海外経験で培った「自由さ」「柔軟さ」がプラスされたからこそ、今現在の日本でうまくやっていけているのだと思います。もし、海外での体験のみで会社をやっていたら、とても日本でうまくいかなかったでしょう。

そう考えると、これからの日本でやっていくためには、日本と海外の考えが適度にミックスされたくらいがちょうどいいのだと思います。

日本らしい考え方を根底に持ちながら、海外の考え方を取り入れてみる。もし、日本をベースにしながら海外と仕事をしたい、と考えている方がいらっしゃるなら、そのくらいのさじ加減でいたほうがうまくいきます。

そういう意味で、海外を知ることはもちろん大切ですが、その「時期」も重要だと私は思います。

起業前に、私は海外留学をしたい日本人学生のお手伝いをしていたことがあります。トータルで120人ほど留学させたのですが、そこで気づいたことがあります。

それは留学のタイミングです。早ければいい、というものではないのです。どんなに優秀な子でも、中学や高校の途中で留学してしまうと向こうの色にすっかり染まります。それはいいところだけでなく悪いことも、です。なんといっても、自由度が高いですからね。楽しいこと、楽なことに流れてしまうのは人間の常です。そして、権利の主張をすることも覚えます。けれども、「義務」についてはきちんと教わっていないので、トータルで見たときにバランスの悪い人に成長してしまいがちなのです。


実際、私がお手伝いした生徒の中で、きちんと日本で成功しているのは高校卒業後に海外留学をした人です。それ以前に留学した生徒は、残念ながらあまり芳しい結果は残していないケースが記憶にあります。

まず、日本でしっかりと人格形成をしてから留学するのがいいでしょう。つまり、18歳が最低限の成熟ラインと言えるでしょう。それ以降でも決して遅すぎることはないと思います。もっとも、生活の場が海外になるのであれば、話は別です。

もし、「私は早くから海外に触れる機会がなかったから」と嘆いている方がいたなら、決してあきらめる必要はありません。日本で人格形成をしっかりと行なってきた今だからこそ、海外に触れることに意義があるのです。

これから日本人が国際化社会でやっていくには、日本と海外の考え方のバランスがカギになるでしょう。

LIFE METHOD 11
結婚、出産、仕事……あれもこれもしなくていい

今のアラフォー世代の女性たちにとっては、とても生きにくい時代だと感じます。それはなぜかと言えば、「人生の選択肢」が増えているからです。

親世代の頃は、「結婚は当然するもの」「結婚したら家庭に入るもの」と考えられてきました。「結婚式の当日まで相手の顔も知らない」などというケースも昔はあったようです。けれど、結婚は当然するものと考えられていた時代ですから、ほかに選択肢はありませんでした。

でも、今は結婚しないという選択肢もあります。

そして、結婚しても働き続けることが推奨されてもいます。

結婚するかしないか、仕事をするかしないか、子供を産むか産まないか……。それらをすべてチョイスできるようになりました。

一方で、親や世間からは「仕事をしなさい」「結婚しなさい」「子供を産みなさい」とさまざまなプレッシャーをかけられることも多いでしょう。その狭間で、「自分はいったいどうしたらいいのだろう？」と悩む方も多いのではないでしょうか。

日本の未来のためには、次世代を担う若者が必要で、そのためには子供を産み育ててもらう必要があるのはもっともです。だからといって、女性たちに「働きなさい。結婚しなさい。子供を産みなさい」と、一手に背負わせてしまうのは酷ですよね。

同じ女性でも、いろいろなタイプの人がいます。仕事に長けている人、会社などの仕事は苦手だけれど家庭の仕事には向いている人。なのに「女性」をひとくくりにして、みんなに仕事、結婚、出産、育児を強いるのは、「Asking too much（多くを求めすぎ）」です。

それらをすべてこなせる人もいるにはいるでしょうが、全員が全員器用なわけではありません。

結婚していなくても、出産していなくても、自分を責める必要はまったくありませんし、結婚しなければとか出産しなければ、と焦る必要もないのです。

北欧では、結婚する前に何年か同棲し、「子供が2人生まれたので結婚することにした」などという夫婦がたくさんいます。頃合いをみて、ちょうど良いと思えたらアクションを起こすのです。自由で人にやさしい社会背景がそこにあります。

もし誰かが何かを言ってきたとしても、「そういう意見もあるわよね」くらいにとらえ、聞き流しましょう。何を言われたって、その人たちが自分の生活を保障してくれるわけではないのですから。

「こうあるべき」という建前はいくらでもあるでしょう。でも、それはそれです。今の時代に即した意見とは限りません。

周りの意見を聞こうとするあまり押しつぶされないようにしましょう。

LIFE METHOD 12

私が出産しても仕事をすすめる理由

私の会社は現在スタッフが35名、うち女性が6割を占めています。そして、出産から職場に復帰する女性の割合は実に100％です。

ほかの会社では、「早く仕事に戻らないと自分の席がなくなってしまう」という焦りやプレッシャーから復帰する方が多いかもしれません。けれど、うちの場合には、ありがたいことに「早く仕事がしたくてたまらないから」という理由から仕事に戻ってくる人が多いです。

復帰するタイミングは人それぞれです。長い人で10ヶ月、短い人は2ヶ月で復帰しています。社内規定で1年間の育児休暇が認められていますが、その間はなるべく個人の都合に合わせてあげるようにしています。

とはいっても、採用の段階で、仕事が好きな人たちばかりをスタッフに選んだわけではありません。彼女たちのほとんどは、入社当初は「25歳になったら結婚して寿退社します」「子供が生まれたら会社を辞めます」と公言していました。

そんなことを言っていたスタッフも、今では2人産んでも働き続けているくらいです。「まさかこんなに仕事を続けるとは思わなかったです～」と当の本人たちが一番驚いています。でも、人生ってそんなものですよね。

もちろん、子育てしながら仕事をするのは大きなエネルギーが必要です。でも、エネルギーが必要だからこそ仕事を続けないといけない、と私は思います。

車にたとえて考えてみてください。一度エンジンを切ってしまうと、次に車を動すには、時間がかかりますよね。けれど、エンジンをかけっぱなしにしておけば、パーキングブレーキさえはずせばいつでも発進できます。

人間もそれと同じです。いつでも働けるようにするためには、エンジンを切ってはいけないのです。人間の場合には、エンジンにあたる部分が「仕事」ではないでしょうか。たとえ、細々でも仕事は続けておく必要があるのです。それに、人生いつどうなるかわかりませんからね。「いつでも自活できるように稼いでおく必要があるんだよ」と私はスタッフに啓蒙しています（笑）。

私の会社で、出産しても働ける体制が整うまでには、それなりに紆余曲折がありました。「女性を多く雇って大丈夫だろうか？」と、正直不安を感じたこともあります。

出産や育児で人が抜けるなかで、安定した営業成績を上げることができるのか？

そのような状況で給料を払って大丈夫なのだろうか？

ほかのスタッフへの負担は増えないだろうか？

正直に告白すると、女性を雇うのは面倒だと思う気持ちがなかったわけではありません。男性だけ雇っていたほうがどれだけ楽かと思ったこともあります。

でも、能力的に男性に向いている分野と女性に向いている分野があるのに、女性だけを排除してしまうのはもったいないと考え、腹をくくり、思い切ることにしたのです。

スタッフの一人が初めて妊娠し、「出産後も仕事に戻りたい」と言ったとき、どうしたら彼女が復帰しやすいか、ブランクを感じさせず短期間で復帰できることができるか？　を徹底的に考えました。産休をするスタッフが担当していた仕事をどうするか、みんなで話し合って割り振りを決めました。

本人には、会社支給のタブレットと携帯を持っていてもらい、「産休中には、時々でいいから会社のメールには目を通しておいて」と伝えました。休み中もメールを見てもらうことで、会社で何が起こり、どういう動きがあったか？　をリアルタイムで把握してもらうことができると考えたからです。

その結果、産休明けの復帰はすんなりと進み、すぐに売り上げもきちんと立てられました。そのときの経験やノウハウがすべて、次に産休を取得するスタッフに活かされたのです。そして、さらに経験がアップデートされてその次のスタッフへと活かされていき、その結果として会社にとって無形の財産となりました。

個人情報や情報漏洩の観点から、休暇中はメールを見られないようにしている会社もあるようですが、サーバーにアクセスできないように設定しておけば、メールのやり取りのみの設定でリスクも下げられますし、リスクよりも休み中のブランクを極力少なくするメリットのほうが大きいと私は思います。

産休や育児休暇から復帰した人たちが口をそろえて言うのは、「自宅にいても、メールを通して会社とつながっていることで、社会とつながっている気がしてとても救いになった」ということです。

女性には、ぜひともどのような立場になっても働いていてほしい、と思います。

仕事というエンジンを切らないでいただきたいのです。

こんな議論を日本でしていること自体が北欧の人たちの目から見たら驚きだと思います。
ただ社会そのものが異なるわけですので、一人一人の意識がとても重要だと思います。

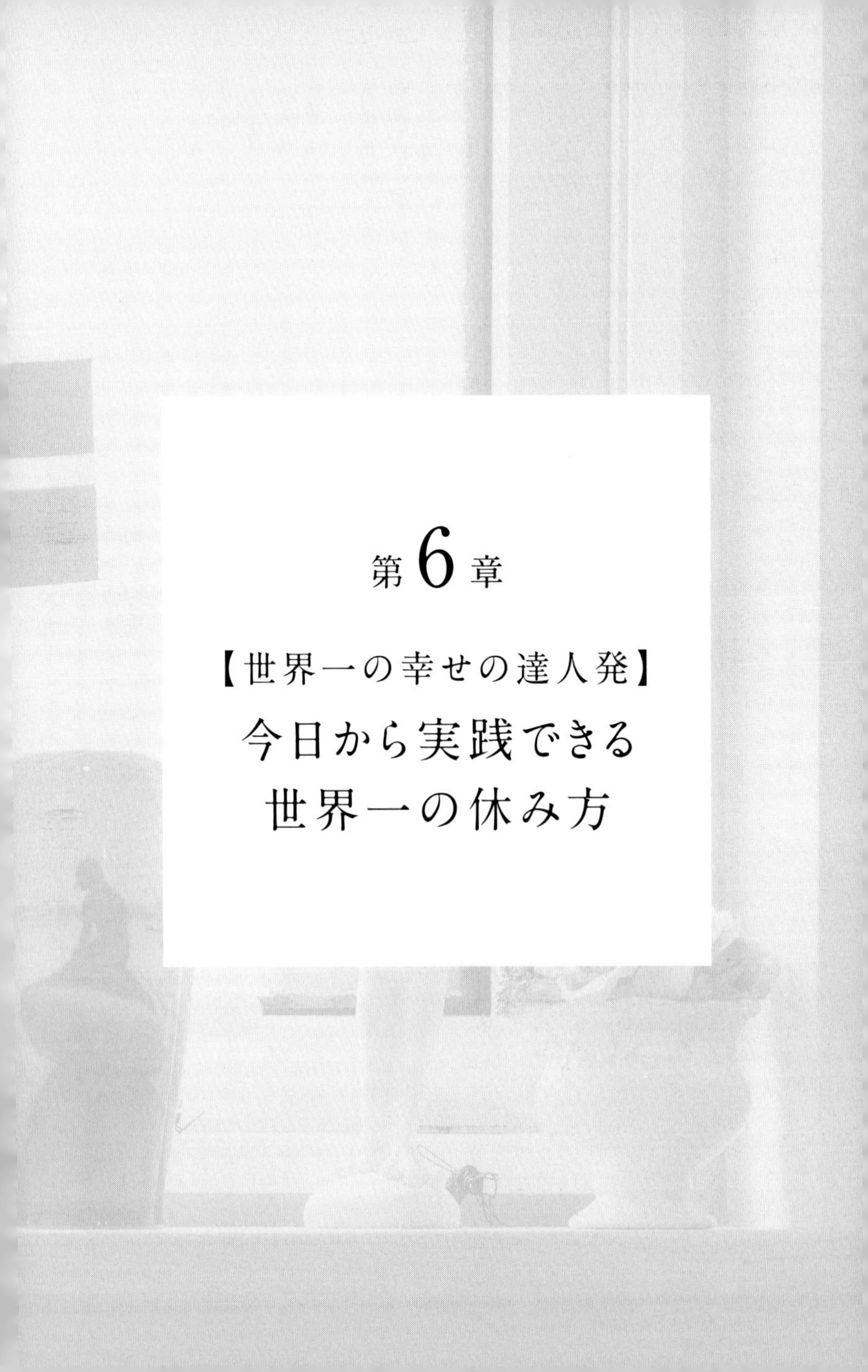

第6章

【世界一の幸せの達人発】今日から実践できる世界一の休み方

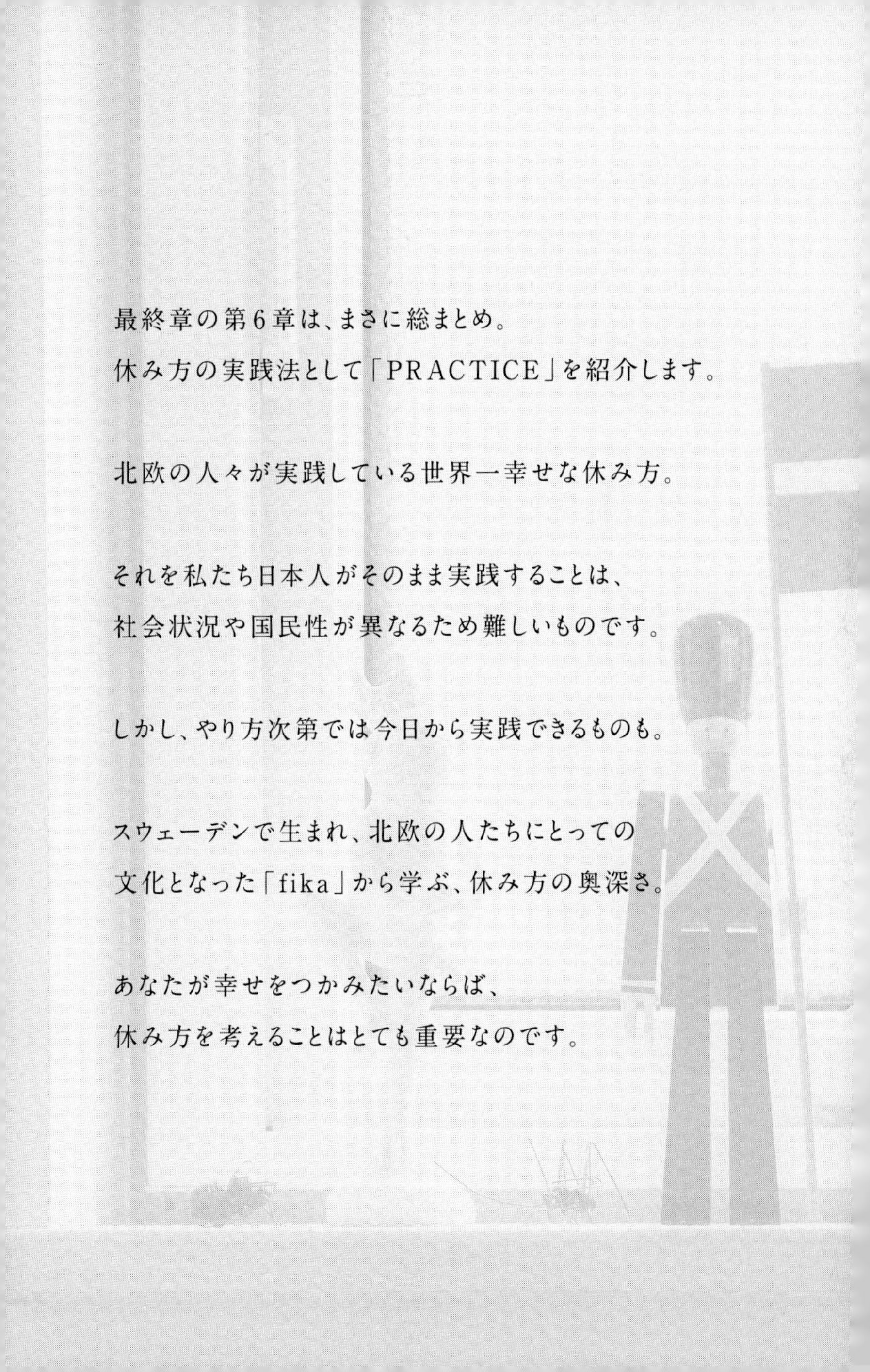

最終章の第6章は、まさに総まとめ。
休み方の実践法として「PRACTICE」を紹介します。

北欧の人々が実践している世界一幸せな休み方。

それを私たち日本人がそのまま実践することは、
社会状況や国民性が異なるため難しいものです。

しかし、やり方次第では今日から実践できるものも。

スウェーデンで生まれ、北欧の人たちにとっての
文化となった「fika」から学ぶ、休み方の奥深さ。

あなたが幸せをつかみたいならば、
休み方を考えることはとても重要なのです。

PRACTICE 1
立ち話で凝縮した時間を

毎日、やらなければいけないタスクは次から次へと出てきますよね。「あともうちょっと」「これだけはやっておかないと……」と仕事や家事をこなしていくうちに、気づけばすっかり日が暮れてもう夜に。

「ごはんの支度をしなきゃ!」とか「そういえば、明日までに用意しなければいけない資料があった!」とやることがさらに出てきて、息つく暇もないということもよくあることでしょう。

ついつい自分の時間がおろそかになってしまいがちなのもまた事実です。でも、私はそんな人に強く伝えたい。

「これからはちょっと意識して自分のほっとする時間を取りましょう!」ということを。

「そんな時間、なかなか取れない！」という方におすすめなのが、「立ち話」です。これが意外と楽しく、そして重要なことなのです。

給湯室でも、廊下の片隅でも、道端でも……立ち話ならどこでもできますし、普段話したことのない人ともかしこまらずに会話することができます。

「へぇ〜、この人、こういうことに興味があるんだ」と意外な一面を発見できることもあるでしょう。たとえ5分でも貴重な気づきが得られることもあるのです。

先日、こんなことがありました。あるスタッフと立ち話をしていたところ、お母さんが家庭菜園をやっていて、〝ミョウガがたくさん採れて余っている〟という話題になりました。そこで、そのミョウガと私が仕込んだ手づくり味噌を物々交換する流れになったのです。思わぬ発展があった立ち話でした。このように、普段にはない交流が生まれることもあるのです。立ち話は、まさに凝縮されたいい時間の典型と言えるでしょう。

人は、立っているときのほうが凝縮したいい時間を過ごせるように思います。座るとホッとして、ついだらけてしまうからです。

通常は座って行なうｆｉｋａですが、仕事場で行なう場合には、効率を考えて立って行なってもいいかもしれません。さらに言うならば、長くなりがちなミーティングも立って行なうと早く終わるのではないでしょうか。

実は先日、話の長い本部の上司とのミーティングがあったのですが、みんなで立ちながら行なったところ、いつもなら2時間や3時間はかかるところがなんと15分で済んでしまったのです。

飲食業界では、「バール」のシステムを取り込んだ立ち食い形式のチェーンが流行っていますが、これは回転率を高めることで収益を上げる仕組みがあります。とは言え、あまりに効率化を求めすぎると、コミュニケーションの重要な部分までそぎ落としてしまうことがあるので、注意が必要ですけれどね。

PRACTICE 2
ハッピーアワーで気持ちの切り替えを

17時~19時までにお店で注文すると、ビールやワインなどのドリンクが安く飲める「ハッピーアワー」という制度があります。海外ではすっかり定着している習慣です。
日本でも少しずつ導入している飲食店が増えているようで、丸の内あたりでは外国人がビールを片手に会話を楽しむ様子をよく見かけます。真冬でも外でコートを着たまま立ち飲みをしています。北欧にもハッピーアワーを楽しむ人々がいますが、安いからといってダラダラと何杯も飲み続けることはしません。

たいていの場合、1杯飲んだら解散です。滞在時間にして30分から1時間くらいでしょうか。そこで頭の切り替えをはかるのでしょう。会社であったいろいろなことを吐き出し、スッキリした状態で家に帰る、というわけです。

先に、「オンとオフの切り替えをしましょう」という話をしましたが、もしかするとこのハッピーアワーで1杯というのもいい切り替えの儀式になるのではないでしょうか。

ちょこっと1杯で、軽いコミュニケーションもはかれますし、さらにはいい気分転換にもなりますから、これから上手に利用してみるのもいいでしょう。今はノンアルコール飲料も豊富ですから、アルコールが飲めない人でも十分楽しめます。

PRACTICE 3 日常のことを一切考えられない状況をつくる

しっかり休暇を取るいい方法のひとつに、「余計なことを一切考えられないような状況をつくる」というのがあります。

先の話にもあったように、たとえばダイビングはおすすめです。なぜなら、一度海の中に潜ったら、やることがそれはいっぱいあるから。まず、機材のことを考えなければいけない。下に潜っていくにしたがって水圧もかかってきますから、耳抜きも必要になります。そのほか、ゲージをチェックしたり、ゴーグルの調子を整えたり、一緒に潜るバディとの距離を考えたり……。行動を共にするバディの命もかかっていますから、ほかのことなど考えている余裕はまったくありません。雑念の入らない空間がそこには広がっています。

実は、私にダイビングをすすめてくれたのは、旅行先のニューカレドニアでマッサージをしてくれたフランス人でした（ニューカレドニアはフランス領なのです）。

私の身体があまりに硬いのを見かねて、「あなた、このまま心も身体も酷使し続けたら早死にしますよ」と言い、ダイビングをすすめてくれたのです。

彼が言うには、「ジムに行ってランニングマシーンで走っても、エアロバイクを漕いでも、普通に呼吸ができるから、ついつい頭のどこかで仕事のことを考えてしまう。けれど、ダイビングをやっているときにほかのことなど考えていたら死んじゃうでしょ。そういうスポーツをやらなければいけない」というのです。

たしかに、ダイビング中に「ああ、あの仕事はどうすればいいかな」などと考えていたら、潮に流されてしまうかもしれませんし、バディとはぐれてしまう可能性もあるでしょう。そこでは思考回路をいったん切りかえる必要があります。これがいろいろな意味で効果があるのです。

ダイビング以外にも、パラグライダーやボルタリング、キャニオニング、バンジージャンプ、ラフティング、ジェットスキーなど、注意を払わなければ命の危険にかかわることがいいでしょう。結局のところ、何事も「ながら」はよくないということですね。

仕事で大きなトラブルが起こったとき、寝ても覚めてもついついそのことについて考え続けてしまうのは仕方のないことです。でも、ときには強制的にその負のループをストップさせることも必要です。

それに、突然起こったトラブルというものは、あとから冷静になって考えてみると、実はたいしたことがなかったということも意外と多いものです。往々にして、実際のトラブルよりも、それを受け止める感情のほうが大きくなってしまうのです。

いったん大きくなった感情が肥大してしまう前に遮断する意味でも、心底没入できることをやってみるのは、大いに有効です。

PRACTICE 4 夫婦で同じ趣味を持つ

私がダイビングをはじめたのには、リラックスのほかにもうひとつ理由があります。夫婦で共通の趣味を持とうと考え、決めたのがダイビングだったのです。

一番下の子供が独立して家を出て、私と夫は再びふたりきりの生活がはじまりました。

ところが、あらためて考えてみると、私は夫のことを何も知らないことに気づいたのです。熟年夫婦にはよくある話かもしれませんが、約20年の間、私たちは3人の子供たちを通じて会話をしてきたようなものでした。

よくよく考えてみたら、二人きりで話をすることなどほとんどなかったのです。このままでは意思疎通ができない。それが積み重なれば、私たちも熟年離婚に向かって突き進んでしまう。そんな危機感を覚えたときに、「何か二人で一緒にできる趣味を探そう！」と思ったのです。

まずは、お互いに自分がやってみたいものをリストアップして書き出すことからはじめました。次に、そのリストを突き合わせ、絞りこみの作業を行います。条件は一つ、「お互いがやったことのないこと」。

二人でスタートラインを同じくし、イチからはじめようというのがその狙いです。結果的に、それが「ダイビング」だったというわけです。さっそく、二人でライセンスを取りに行きました。

夫婦で共通の趣味を持っていると、話題に困ったときに「会話の糸口」になります。それに何か見えない「絆」のようなものも生まれてくるから不思議です。

PRACTICE 5 着飾らず、化粧もせず、自然に過ごすのが最高の贅沢

私たちはつい「あれも欲しい、これも欲しい」とものを求めがちです。でも、実は「ない」ことのほうが贅沢なのかもしれません。

私はそのことをデンマークのチュノー島で知りました。

デンマークはユトランド半島（ユラン半島）と443の島々で構成されています。首都のコペンハーゲンはシェラン島にあります。チュノー島はその中の一つの小さな島。ここに別荘を持つ、もしくは住める人は、一部の富裕層に限られています。つまり、ここに住めることが、デンマーク内ではステータスの一つなのです。

とは言っても、この島には豪邸が立ち並んでいるわけでも、ゴージャスなプールや施設があるわけでもありません。リゾートホテルもしかり。むしろその逆で、何もありません。

私は何度か友達に連れられてチュノー島に行ったことがあります。本当に何にもなくて驚いたことを憶えています。

車は乗り入れ禁止。あるのはトラクターとバイクだけ。目立つ建物は消防署と1軒のホテル兼レストラン、そして1軒のお店だけです。建てられている別荘も、漆喰とかやぶき屋根、もしくはデンマーク特有の海藻屋根といった、いたってシンプルで見た目も質素なものばかりです。

さらに、住民たちは化粧をしていないし、キレイな洋服を着てもいません。はじめて島を訪れたときなどは、「富裕層の住人の別荘で働く人たちなのかな?」と思ったほどです。彼らがその富裕層の人たちだと知ったときは、驚きを隠せませんでした。

どうやらこの島の人たちは、「見た目」を気にしないで生活できることを楽しみ、そして誇りに思っているようなのです。

これらの方々は、弁護士や医者など、みな社会的地位のある人たちです。彼らは普段はデンマークの社会の中でさまざまな制約を受けながら暮らしています。

けれど、この島ではそれら制約を何一つ気にすることなく暮らすことができる。「素」の姿でいても、誰からも咎められることもありません。後ろ指をさす人もここにはいません。彼らにとって、それこそが「究極の贅沢」というわけです。

この島でのもうひとつの贅沢は「音」にあります。

ここには〝音〟がないのです。そのことによって、人間が本来持ち合わせている「五感」

をあらためて感じ取ることができます。

デンマーク人は日光浴が好きなので、晴れた日にはみな外に出て椅子に座り、レモネードを飲みながら太陽の光をいっぱい浴びます。

私も同様に日向ぼっこをしていたとき、風がすーっと吹いてきました。すると、耳の鼓膜がそよぐのを感じたのです。

風の気配を鼓膜で感じたことなどかつてなかった私は、驚きました。本当の「静寂」というものを初めて知った瞬間でもあったのです。

普段暮らしている街では、車やバイクのエンジン音、飛行機が通過していく轟音、人の話し声、鳥や犬の鳴き声が飛び交っています。

ですが、この島にはそれらが一切ありません。何もないからこそ、気づけることがあります。余分なものを取り除いたとき、見えてくるものがあるのです。

音だけでなく「香り」も同様です。海の近くに行くと、風と土のにおいがします。それから、芝を刈ったばかりの青臭いにおいも。それらをどれも「いい香り」だと感じることのできる豊かさを実感することができます。

本当は、自分たちの感性も同じことが言えるでしょう。私たちは「五感」という感覚を持ち合わせています。でも、それらをフル活用しているでしょうか？

普段からいろいろなものにさらされ過ぎているため、五感が麻痺し、鈍ってしまっているところがあるように思います。余分なすべてのものを極限までそぎ落としていったとき、本来持ち合わせている感性がよみがえってくるのではないでしょうか。

私たち人間は、本当はいろいろなものを持っているのに、ただ気づいていないだけなんです。小さいころには自然とキャッチできていたことが、大人になるとだんだんとわからなくなってくる。それって悲しいことだな、と思います。

これからの時代は、求めるばかりではなく、本来自分が持っているものに改めて気づくことも必要になってくるのではないでしょうか。

PRACTICE 6
寒い季節にはみんなでこたつ

先に、ヒュッゲを日本風に表現した際に、「こたつにミカン」と言いましたが、寒い季節こそコミュニケーションを深める格好の時期ではないでしょうか。

北欧にはさすがにこたつはありませんが、一つのブランケットをシェアしたり、ストーブの前に集まって話をしたりします。だからこそ、顔と顔を突き合わせる機会がおのずと増えていくのがこの時期の特長でもあるのです。特に、ほっこりするいいタイミングなので、このタイミングをぜひ活用しましょう。

子供の頃のことを思い出してみてください。

雪の降りそうな寒いとき、お父さんやお母さんのポケットに手を入れて暖を取ったことはありませんか？　そのときのぬくもりやじんわりと感じた暖かさをどうか思い出してみてください。

子供のころは、もっともっと五感が敏感だったのではないでしょうか。たとえば雨上がりに感じる緑のにおい、雪がしんしんと降る音など……、自然の中に潜むちょっとした音や香り、そして温度の変化にもすぐに気づいたように思います。

子供はそもそも経験値が少ないので、どんなことでも強烈なインパクトを持って、心に深く刻み込まれます。

ところが、大人になって経験値が増えるにつれ、そういった感覚に疎くなっていったのです。摩耗してしまうといっても過言ではないでしょう。

普段は忘れていても、誰かに言われたら思い出す幼少の頃の鋭い感覚はきっとどこかに残っているはずです。手袋や毛糸の帽子を貸してもらったときに感じたあのぬくもり、そのときの空気のにおいや情景など……。それらが消えてなくなってしまうとは思いたくありませんよね。

昔の感覚を思い返すことができる人は、きっと心が温かい人です。そして、それを感じられるようになったとき、自分が意外と幸せであることにも気づくのではないでしょうか。

本質的な幸せ探しをするうえで、ｆｉｋａは重要な役割を果たすはずです。

LAST MESSAGE
最後に私が言いたいこと

「これからの人生について考えましょう」

みなさんにはこんな風に話している私ですが、自分が30代のころはそのようなことなど考える余裕はまったくありませんでした。

起業したてで「お金がないモード」がいつも全開。

さらに追い打ちをかけるように、夫が勤めていた会社が倒産。

日々の生活に必死で、到底先のことなど考えられませんでした。スタッフからは、「私がお給料をもらってしまったら、ビューエルさんたちが生活できないはずです。だから今月の給与は受け取れません」とまで言われたほど。

教師をしている父親からは、「おまえをこんなふうに育てた覚えはない。まったく恥ずかしい」とあきれられました。でも、どんなに言われたところでない袖は振れませんから仕方ありません。

思うのですが、本当に余裕がないときには逃げることも投げ出すこともできないものです。引っ越しや環境を変えるにはそれなりのお金が必要となるから。まとまったお金がないと引っ越しすらできません。

実は「とどまる」ことこそ、一番お金がかからないものだということをこのとき知りました。現状維持しか選択肢はないのです。「追い詰められた」という理由でやけになって、何か事を起こしたりするのは、実は余裕があるからこそできることなのです。

30代から40代前半までの10年以上はこんな状態でした。このままだと抜け道がないまま私たちの人生が終わってしまう。そういう思いから藁をもすがる気持ちで「JETRO」(日本貿易振興機構)の試験を受けました。会社の業績が上向きになっていったのは、そこからです。

今だからこそ話せることですが、実は私たち家族は主人の生まれ育ったカナダに移住することも考えていました。それは夜逃げ同然の行為でもあります。そのためのカナダ行きの飛行機代として、家族5人分42万円だけはとっておいたのです（当時の格安エアチケット価格）。

日本を捨てる覚悟だったので、もちろん片道のみの料金です。もし預金が差し押さえられたら夜逃げすらできなくなる、と、私名義ではなく娘の名前で預金していました。

結局はそのお金には手をつけずに済み、今でも日本で暮らせるまでに業績は回復しました。けれど、心が折れそうになったのはもうちょっしゅうでした。誰にも会いたくない、と机の下にもぐりたい症候群にしばしば陥ったのもこのころでした。

このとき学んだのは、お金がないのは決して恥ずかしいことではないということです。でも、限りあるお金だからこそ生きた使い方をしなければいけない、とも強く思いました。

これだけの経験を重ねてきたからこそ、最後にみなさんにお伝えしたいことがあります。

それは、繰り返しになりますが、「どんなときも自分を最優先に考えてほしい」ということです。「自分ファースト」へのシフト。そのほうが楽に、そして楽しく生きられるからです。どうか、自分自身の幸せについて一番に考えてください。

それを考えていけば、信念や常識、期待や願望、そういった固定概念にしがみつくことは、かえって自分を不幸せにしてしまうことに気づくはずです。

だから、すべてを無条件で手放しましょう。一気に全部とは言いません。一つひとつでいいのです。なにしろ、それはとても勇気がいる行為なのだから。でも、それができたときには、とても自由になり、小さな幸せに気づくことができる自分自身と出会うことができるはず。

スウェーデンで生まれ、北欧のカルチャーとなった「ｆｉｋａ」の本質は、単なるお茶を飲むことや休憩にあるのではなく、さまざまな「小さな幸せ」を感じることができるという点にあるのです。だからこそ、自分を最優先に考えるためのレッスンとしても効果があります。毎日を頑張るみなさんに、fikaという休み方を通して知ってもらいたいのは、幸せはつねに自分自身の中にあるということ。それをつかむために、休み方はとても重要であるということ。

どうかそのことを忘れないでください。

あとがき

人生で初めて北欧を訪れたのは、今から20年ほど前、寒い1月のことでした。宿泊して夜が明け、朝食を食べにホテルのレストランに行ってもあちこちでキャンドルが灯され、外は真っ暗。朝食ではなくて夕食を食べているような錯覚に陥ったことも度々ありました。

曇り空が何日も続いた後、ほんのりと太陽が雲を透かして見えた時、取引先の社長が「あぁ、4ヶ月ぶりの太陽だ！」と嬉しそうに空を見上げて口にした言葉に衝撃を受けたものです。

北欧の人々にとって「長くて寒い冬」とは、すなわち「長い闇の時間」の象徴でもあります。気候が人々に及ぼす影響は多大で、気分が沈み、孤独を感じる人が多くいるのも事実で、北欧は鬱病になる人も決して少なくはありません。

日本における北欧のイメージは、「教育や福祉の先進国」や「デザインなどのカルチャーが独自の進化を遂げた国」というものが先行していますが、実際のところは、彼ら北欧の人々も私たち日本人同様に「プレッシャー」と戦っているのだということ。決して恵まれた立場ではないのです。その条件下で、彼らが高い幸福度を持っていることは、「自分たちの力でその抑圧を打破してきた」という証明でもあるのです。

私たち日本人も常に多くのプレッシャーと悩みを抱えて生きています。さらに、昔からの素晴らしい精神性を保つことの美徳になんとか応えたいと願い、それでも現在進行形の欧米文化との狭間にあるギャップに苦しんでいるのだと思います。

本書はそういった悩みを抱える方々の「応援歌」になってほしい。そういう想いをもって作ってきたものです。そのために、スウェーデンの休息文化「ｆｉｋａ」を通じて、休み方や生き方、考え方のケースを提案しています。

私自身が2つの会社の経営者でもありますが、私の会社では数年前から有給休暇の取り方（1時間から取得可能／有給は申請した者勝ち）など、色々な制度を取り入れています。

働き方改革を宣言するのであれば、まずは休み方改革を啓蒙する人が出てこないと、全くの夢物語で終わってしまうという危機感もありました。

それと同時に、積極的に休みを取ることで、仕事上のプレッシャーと上手く付き合えるような社会人になってほしいという想いもあったのです。そのためにも、ｆｉｋａの考え方はとても重視しています。

すなわち、「リアルの人間関係を大切にする」というライフスタイル（デンマークのヒュッゲも同様です）。

昨今は「インスタグラムをはじめ各種ＳＮＳで宣伝広告をすることが、物を売るためには重要な時代です」とまでコンサルに進言されていますが、実際のところはこのｆｉｋａの考え方こそ重視するべきだと感じています。

「大切なのはあくまでリアルにおける人間関係であり、ＳＮＳで多くの「いいね」をもらうことではない！」

この考えは、私にとっては目から鱗でした。北欧の人たちは、貴重な時間をＳＮＳではなく、ｆｉｋａなどの休息を通じてリアルコミュニケーションに費やしているのです。

誰しも平等に１日は24時間しかないのですから、忙しい人ほど濃厚な時間の使い方を考えるのだと思います。そのためにも休み方への努力は惜しまない。

1日1日を200%の力で過ごし、終わるころには「ああ、今日も良い1日だった！」と思いながら過ごしたいと私は常日頃から思っています。

だからこそ、生き方に悩む人たちに伝えたいことは、「自分らしい生き方は大いに結構！　毎日をもっと楽しく生きられたらさらに素晴らしい！」ということ。

しかし、楽しく心地よい生き方は自分自身しか作り出すことはできません。それらは現実世界に存在する仕事や人間関係を抜きにして考えることもできません。

海外生活が長く、日本独特の社会の中で、さらに地方都市を拠点に起業家として今日までやってくるのは、正直に言って楽ではありませんでした。

日本という社会の中に基盤がある以上、ある程度は「大多数の日本人が認める生き方」の枠内にいない限りやっていけません。そのギャップをどうやって埋めていったのか、その軌跡と考え方を本書ではたくさんシェアしています。

今現在、働き方や生き方に悩む皆さんに、私の体験が少しでもお役に立てたらと思っています。

最後になりましたが、本書を出版する上で、ご尽力くださったキラジェンヌ株式会社の保泉昌広さん、編集担当の大崎暢平さん、編集協力の柴田恵理さん、そしていつも色々な面でサポートしてくださったH＆S株式会社の岩谷洋昌さん、株式会社プレリアの芦澤雅子さん、そして大川朋子さんに感謝するとともに、ｆｉｋａのイメージメーキングに寄与してくれた株式会社アルトおよびカフェ・ヒュッゲのスタッフに感謝しております。

２０１９年3月10日　芳子ビューエル

芳子ビューエル

Yoshiko Buell

北欧流ワークライフデザイナー
株式会社アペックス取締役社長／
株式会社アルト代表取締役

1998年にJETROから北欧に派遣され、帰国後に北欧の寝具・雑貨等の輸入を開始。現在では世界的に有名な「menu」等、北欧の大手メーカー7社の日本代理店を務め、北欧雑貨・家具ブームの礎づくりに貢献。北欧にゆかりが深く、いち早く「ヒュッゲ」文化を日本に紹介した草分け的存在とも言われる。群馬県高崎にてヒュッゲをコンセプトにしたカフェやインテリアショップも経営している。yoshiko-buell.com

INTERIOR SHOP ALTO　インテリアショップ アルト

住所　群馬県高崎市岩押町5-1 リベルテ高崎 2F
Liberte Takasaki Bldg., 2F,
5-1 Iwaoshi, Takasaki, Gunma, 370-0044.
営業時間　10:00〜18:00
定休日　日曜日
TEL　027-388-1598
URL　www.alto-star.com

Cafe Hygge　カフェ ヒュッゲ

住所　群馬県高崎市岩押町5-1 リベルテ高崎 1F
Liberte Takasaki Bldg., 1F,
5-1 Iwaoshi, Takasaki, Gunma, 370-0044.
営業時間　11:00〜17:00
定休日　日曜日
TEL　027-321-2088
URL　www.alto-star.com

fika
世界一幸せな北欧の休み方・働き方

初版発行　2019年3月31日

著者　芳子ビューエル

編集協力　柴田恵理
協力　芦澤雅子（株式会社プレリア）
写真　五味茂雄
アートディレクション＆デザイン　広瀬 開（FEZ）
デザイン　広瀬 匡（FEZ）

発行者　吉良さおり
発行所　キラジェンヌ株式会社
〒151-0073 東京都渋谷区笹塚3-19-2 青田ビル2F
TEL 03-5371-0041／FAX 03-5371-0051
印刷・製本　日経印刷株式会社

ISBN978-4-906913-84-8
C0077